オンリーワンの福祉計画

TAKAHASHI Nobuyuki

高橋信行

［著］

ラグーナ出版

まえがき

　第1部では、老人保健福祉計画に始まった自治体の福祉計画に焦点をあて、筆者が直接にその作成に関わった計画事例をあげ、自治体の主体性と住民参加を焦点に置きながら、その作成プロセスを論述していく。国が自治体に求める計画化の流れは、合理的で効果的な自治体行政を求めてのことであろうが、近年、自治体からの批判の声も聞かれる。あまりに数が多く、複雑多岐にわたり、考慮事項も多い。小規模自治体の職員がこれをこなしていくのに苦慮している実態もある。そのなかで、形だけの計画書ができあがるというようなことも起きているのではないか。

　第1章は「老人保健福祉計画から始まった個別福祉計画—分権化として自治体の主体性と住民参加の福祉計画は達成されたか—」の表題で、個別福祉計画の始まりとも言える「老人保健福祉計画」の策定について、その経過を説明しているが、特に実態把握のための調査技法についても論述している。この視点はその後の様々な計画においても論点の一つとしているものである。

　第2章は「3町が一緒につくった福祉計画—徳之島3町障害福祉計画—」として、鹿児島県徳之島の三つの自治体が共同で作り上げた障害福祉計画の作成過程を記述している。筆者はこのプログラムに鹿児島国際大学附置地域総合研究所の委託研究員（当時は所長兼務）として直接に関わった。

　第3章「ナンバーワンよりオンリーワン—南大隅町地域福祉計画—」も、やはり地域総合研究所の委託研究員として5年間かかわったものである。本論では、当初1、2年目の集落研究なども含めている。

　両方の計画とも共通しているのは、コンサルタントを使わずに、地元大学の協力のもとで、住民参加型の計画づくりに徹した点であると言える。

　第4章「現在の福祉計画ノート—リサーチとプランニングプロセス—」は、時々刻々と変化していく福祉計画の枠組みについて、現時点での計画の実態を断片的ではあるが、調査過程などを含めて議論している。ただしここで取り上げているのは、「介護保険事業計画」「障害福祉計画」「地域福祉計画」の三つで

ある。その後ソーシャルワークの視点から「計画づくり」プランニングについて、私論を交えて吟味している。最後には分権の流れから国の進める計画化の流れについて分権委員会等の見解を紹介している。

　第2部は、行政計画ではなく、社会福祉協議会（社協）が中心になって進める「地域福祉活動計画」についての論述が中心であるが、第5章の「姶良町社会福祉協議会あり方検討会の活動」は、いわば、地域福祉活動計画への道のりの一つとして、社協が自身の活動を見直すためにたちあげた「あり方検討会」の活動を記述している。この章はすでに、書籍にしているものをベースに書き改めたものである。特に、最後の「8．社協あり方検討の改革を地元新聞はどう伝えたか」はあらたに追加したものである。新聞記事はある意味で、第6章の「地域福祉活動計画と住民参加―隼人町地域福祉活動計画の軌跡―」のもとになった隼人町地域福祉活動計画策定につながっている。なお、第6章は、鹿児島県下の地域福祉活動計画の策定状況等について、初出論文に原稿を付け加えている。

高橋信行

オンリーワンの福祉計画　目次

第４章　現在の福祉計画ノート
—リサーチとプランニングプロセス—

第２部　故きを温ねて「地域福祉活動計画」

第５章　姶良町社会福祉協議会あり方検討会の活動

第1部

福祉計画と地域社会

第**1**章

老人保健福祉計画から始まった個別福祉計画
―分権化として自治体の主体性と住民参加の福祉計画は達成されたか―

1．老人保健福祉計画の策定

（1）計画化の時代

　「老人保健福祉計画」は、1990（平成２）年の老人福祉法等関係８法の改正の中で、老人福祉計画と老人保健計画の策定がうたわれた結果として、自治体に策定が義務づけられたものである。これは、大きく言えば、地方分権の流れを背景にもつ。そのねらいの一つは、これまでの国主導の福祉施策の形成から脱却し、自治体主導の福祉施策を展開することであるといえる。「地方老人保健福祉計画研究班」で班長として、中心的に関わった大森は次のように述べている。「従来、保健にしても福祉にしても、どちらかといえば自治体は、地域におけるそのニーズを客観的に把握し、それを基に施策を立てるという姿勢をもってこなかった。仕事は、事細かく"上"のほうから決められてくるので、それを理解し、忠実に執行すればよいと考えられがちであった。一言でいえば、消極的な待ちの行政であった。今回の保健福祉計画は、こうした発想を打破していくことを意図している」と。（大森 1992：18）高田は、「『地方自治の試金石』となるであろう」（高田 1992：33）とも述べた。また大橋はこの時期の福祉施策を「区市町村における在宅福祉サービスを軸にした地域福祉の計画的推進の時代」（大橋 1995：22）と呼んでいる。[1]

1　大橋謙策は、８法改正により「社会福祉の区市町村分権化時代」「社会福祉行政の計画化の時代」「在宅福祉サービスの制度化の時代」「社会福祉における自己実現サービス重視の時代」「小地域によるサービス提供の総合化の時代」になったといえ、まさに「区市町村における在宅福祉サービスを軸にした地域福祉の計画的推進の時代」になったといえる（大橋 1995：22）と述べている。

（2）老人保健福祉計画の位置づけ

　老人保健福祉計画は、1989（平成元）年に策定された国の「高齢者保健福祉推進十か年戦略」達成のため、都道府県及び市町村に作成を義務づけた行政計画である。法律上は老人保健福祉計画という用語はないが、老人福祉法に「老人福祉計画」が、当時の老人保健法に「老人保健計画」が定められ、これらを一体のものとして作成されたものが「老人保健福祉計画」である。また老人保健福祉計画には、県レベルで作成されるものと市町村で作成されるものとがあるが、市町村老人保健福祉計画を基礎にして都道府県老人保健福祉計画が作成されるため基本は市町村の老人保健福祉計画であると言われる。

（3）計画策定までの流れ

　法律改正後、国レベルではさまざまな準備活動が行われた。1990（平成2）年より地方老人保健福祉計画研究班による『老人保健福祉計画策定の基本的な考え方』報告、1991（平成3）年度より第二期研究班（四部会）が組織化され、①ガイドライン検討部会から1991（平成3）年11月「老人保健福祉計画策定指針の骨子について」、②寝たきり検討部会から1991（平成3）年10月「障害老人の日常生活自立度（寝たきり度）判定基準」、③痴呆性（認知症）老人調査・ニーズ部会から1992（平成4）年2月「老人保健福祉計画策定にあたっての痴呆性（認知症）老人の推計について」、④人口等調査手法部会から1992（平成4）年4月「市町村将来人口の推計について」、またこれと並行して、地方自治体におけるモデル計画の作成などが行われていた。これらの報告を踏まえて1992（平成4）年6月30日に「老人保健福祉計画について」の厚生省通知が出され、その中で各自治体に対して平成5年度中の老人保健福祉計画の策定を求めた。（厚生省老人保健福祉局老人福祉計画課・老人保健課1993）

（4）厚生省通知「老人保健福祉計画について」

　1992（平成4）年6月30日の老計第86号通知「老人保健福祉計画について」では、「住民に最も身近な行政主体である市町村が、地域の高齢者のニーズと将来必要な保健福祉サービスの量を明らかにし、保健福祉サービスの現状を踏ま

え、将来必要とされるサービス供給体制を計画的に整備することを内容とする計画を作成する必要がある」と明記されている。老人保健福祉計画に盛り込まれる内容としては、①高齢者の現状、②サービス提供の現状、③目標年度における高齢者等の状況、④サービスの目標量等である。

　ここにはプランニングの基礎が示されている。つまりニーズとサービスの現状が示され、将来的なニーズが予想される。それに即してサービスの目標量を想定するのである。

　この通知では、保健福祉計画の作成を「平成5年4月の改正法の施行後速やかに行われるべきであり、基本的には、平成5年度中に作成すべきである」としている。しかも、作成に先立って、アンケート調査、ヒアリング、懇談会等を実施して高齢者の意見やニーズを把握しなければならない旨が示されていた。およそ1年半、各市町村は計画の策定にむけて本格的に動き出すことになった。

（5）老人保健福祉計画づくりの特徴—アセスメント調査に基づく計画づくり

　老人保健福祉計画は、はじめて自治体に義務づけられた個別福祉計画であり、障害者計画等、他分野で現在作成されるようになった福祉計画の先駆けとなったものである。地方老人保健福祉計画研究班ガイドライン検討部会報告（1991）では四つの課題提起が行われている。①福祉と保健・医療との連携推進の観点を踏まえ、老人福祉計画と老人保健計画とを一体的なものとして作成すること。②在宅優先を基本とすべきこと。③市町村が主体的な役割を担うこと。④保健福祉サービスについての適切な情報提供と保健福祉サービスを住民がより利用しやすい環境整備を推進する観点を踏まえるべきであること、である。

　すでに8法改正の前提となる、福祉関係三審議会合同企画分科会による意見具申（1989）「今後の社会福祉のあり方について」において、あげられていた6点と重なる。「保健と福祉の一体化」は、イギリスではすでにシーボーム報告（1968）以降、行政の統合化が進められていたが、日本でも保健と福祉の部門が、これを契機に一体化し、自治体内でも保健福祉部等の部署ができてくるなど、保健部門と福祉部門の統合が進められた。

　市町村の主体性に関しては、まさに先に述べた分権化の中でボトムアップ型の計画づくりをめざしたものであると言われる。この計画づくりの基礎になるのが、大規模な調査活動である。大森も「計画策定に当たっては、なにより『調査なければ計画なし』という考え方が大切である。地域のどこにどのような具体的なニーズがあるのか、その調査は、自ら足を運び、聞き取りをして、対象となる人々の潜在的なニーズをきめ細かく、かつ総合的に探ることを前提にしなければならないであろう。この調査とそれに基づく計画の作成は、国や県からの委任や委託で行うものではなく、あくまでも地域における高齢者の生活を支えるためにどうすればよいかを、市町村が自主的に決めることである」（大森1992：18）と述べていた。

　大規模な調査はニーズ把握を客観的に進めることと同時に市町村の自主性を高める上でも重要な方法であった。それまでも高齢者の実態把握のための調査活動はおこなわれていたと思われるが、調査手法や質問の例示を含め、ニーズ調査に関してこれほど細かく示したものはなかったのではないか。

2．ニーズ調査の特徴と留意点

（1）寝たきり老人等介護老人及び虚弱老人を含む要援護老人の把握―明確な基準の設定

　通知では「寝たきり老人」「虚弱老人」「要介護老人」「要援護老人」の用語が整理された。「要援護老人」とは、「要介護老人」及び「虚弱老人」をいう。「要介護老人」とは、「寝たきり老人」及び要介護の「痴呆性（認知症）老人」をいう。この調査では用語が定義されるのに即して質問項目が操作化されていた。「寝たきり老人」とは「障害老人の日常生活自立度（寝たきり度）判定基準」のランクＢ、又はランクＣに該当する高齢者であることと規定されている。また虚弱老人とはランクＡに該当する者及びランクＪに該当する者のうち生活支援を必要とする者を中心にその他生活意欲の減退等により生活支援を必要とする者を合わせて虚弱老人として把握するのであり、質問文もそれに即して構成される。このように操作的定義がなされることで全国的な数字、あるいは市町村による比較が本当の意味で可能になったと言える。

（2） 調査の種類と二段階構えの調査

　高齢者ニーズ調査は「一般高齢者用」と「寝たきり等要介護老人用」に分けられ、「一般高齢者用」は、標本調査でもよいが、「寝たきり等要介護老人用」はできるだけ悉皆調査で行うことを求めている。一般高齢者用の標本調査の場合、抽出の割合は、なるべく高い方が望ましいこと、分析の必要上、最低限、千件程度以上の回答が得られることが適当であり、このため対象者数は、2千から数千以上とするように配慮すること、これに満たない市町村はできるだけ悉皆で行うことを原則とすることとされている。また要介護老人に関わる調査では悉皆で行うことが原則とされ、高齢者が数千人以上の自治体の場合は、標本調査でも差し支えない旨が記されている。(厚生省老人保健福祉局老人福祉計画課・老人保健課 1993: 19)

（3） 質問項目の例示

　通知では調査項目も例示されている。「一般高齢者用」では属性、身体やADLに関する質問、健康についての質問、保健福祉サービスの利用実態と利用意向など、5ページ程度（A4サイズまたはB5サイズ）、質問項目は15問（ただし、細かいものを入れると33問ほど）であるが、4ページ程度の付録があり、付録は市町村の判断によって追加可能としている。これらの付録は収入、住宅、保健福祉相談、生きがい、民間福祉関連サービス、行政への要望事項（自由回答）である。
　「寝たきり等要介護老人用」は内容的には一般高齢者用と重なるが、より詳しい問いになっている。また介護者の状況についての問いも加味されており、9ページ半程度の質問になっている。これも付録として民間福祉関連サービス、行政への要望事項（自由回答）が例示されている。この質問項目はあくまで例示として示されているが、基本項目は調査目的である①高齢者の生活・活動状況、②心身の状況、③保健福祉サービスの認知、④保健福祉サービスに対するニーズの状況等を把握するための項目であり（厚生省老人保健福祉局老人福祉計画課・老人保健課 1993：19）自治体の計画策定には任意であるとはいえ、必要な項目と言えよう。付録を入れるか入れないかは自治体判断である。

　一般高齢者用では 4 ページ、寝たきり等要介護老人用は 9 ページ半程度の調査となる。特に一般高齢者の質問項目はさほど多くはない。これは自治体が独自に入れる項目のことを考慮したためであろう。実際に地域福祉のあり方を考えるとき、自治体規模や地理的差異によって望まれるサービスの質や提供体制が異なることは予想できる。国レベルでは全国的動向を知りたいという関心から、全国一律の項目を望みたいだろうが、何より分権化という第一目標から考えて、国がアセスメント調査を一律にしてしまうことには懸念がある。あくまでこの調査は、自治体が地域の高齢者の実態とニーズを把握する目的で調査を行うのであり、国が全国動向を調べるために行うものではない。

　一つのアンケート調査を行う場合、どのくらいの質問数が適切かという点は、明確には規定できないが、経験的に言えば、Ａ 4 サイズの調査項目で 10 ページ程度におさめると、他記式調査であろうと、自記式調査であろうと、30 分前後で終了できるように思う。

3．老人保健福祉計画策定上の評価と課題

（1）計画策定における、コンサルタント等外部機関の関与

　当時の厚生省は、1997（平成 9 ）年に老人保健福祉計画の見直しや介護保険事業計画の策定が円滑に進められるように、前回の老人保健福祉計画策定時の実態調査等における問題点などを調査している。この調査では議論になっていないが、大きな問題点としてコンサルタント等の関与が指摘できる。計画づくりが進行する中で、調査やその後の計画書の作成において、コンサルタント等の関与が批判的に指摘された。例えば、ある新聞は策定された自治体の計画書について「言葉は美しいがどこか空々しい文句がならび、画一的な印象も受ける」[2] と論評していた。多くの自治体が、実態調査から計画策定までをコンサルタント等に委託をしたものをつくってしまい、自治体が主体的に作ったという点が必ずしも担保されなかったと言えるのではないか。

　1994（平成 6 ）年に松本眞一は、老人保健福祉計画について「計画づくりの

2　南日本新聞 1994 年 9 月 10 日「どう進める高齢者福祉／鹿児島県内の市町村」。

期間が比較的短いうえに、専門の担当者が不在で計画作成のノウハウに欠け、やむなくコンサルタント業者や外部研究機関に委託したり、財源的裏付けなしの実現できそうにない計画を作成して取り繕う自治体が多いといった情けない実態にあるようである」（松本 1994：3）と評し、近畿地方 326 市町村のアンケート結果として、コンサルタント業者に「全部委託した」29％、「一部委託した」42％という朝日新聞の記事（1993 年 12 月 20 日朝刊）を紹介している。[3]

　山本隆等の岡山県下での 78 市町村調査でも、「調査・策定のコンサルタント会社への委託の状況」について「調査のみ委託した」は 29 市町村（37.2％）、「調査と計画策定も委託した」は 35 市町村（44.9％）であり、コンサルタント会社の利用率は全体で 82.1％となっている。（山本他 1994：50）

　1995（平成 7 ）年 3 月 28 日の南日本新聞は、老人保健福祉計画策定時の市町村の担当者の声を載せている。「専門の人材もいない、ひな型もない。どう取り組めばいいか分からなかった」「町の実情に合った計画づくりは職員が手掛けるべきとの町長の意向もあり、いったんは住民課職員で策定することを決めた。しかしほかの事務処理などと重なり、当時の陣容では対応できなかった。その結果、コンサルタントに委託せざるを得なかった」「規模の小さな自治体では、専従職員でも置かない限り、独自で策定するのは難しかった」。当時、県の担当者は「国の基準が細かく、どの市町村もおおかた似通った内容になった」ことを認め、「次回の見直しでは独自の施策など多様性が出てくる」と述べている。

　時期は少し後になるが、筆者らが鹿児島県内 66 市町村に対して行ったアンケートでは、（1998 年調査）「1. すべて（調査の集計、分析、計画書づくり等）外部委託はせず、独自につくりあげた」というところは 19.7％、「2. 調査の集計に関しては外部委託をしたが、分析と保健福祉計画づくりは、市町村独自に行った」15.2％、「3. 調査の集計と分析は、外部委託したが、保健福祉計画づくりは、市町村独自に行った」22.7％、「4. 調査の集計と分析は、市町村独自に行ったが、保健福祉計画づくりは、外部委託をした」12.1％、「7. 調査の集計と分析、また保健福祉計画づくりもすべて外部に委託した」というものが 30.3％になっている。全体で全部外部委託をしたものがもっとも多いが、これらは町村の規模が

3　この調査そのものは、近畿弁護士会連合会が実施したものである。

小さくて、集計分析のノウハウがないからとだけはいえそうにない。全面外部委託は市部で55.6％ともっとも多いのである。いずれにしても、何らかの外部委託をしたところが、全体の8割という数字になっている。（高橋1999:10-11）つまり、全部委託30.3％、一部委託、50.0％、独自に作成19.7％となる。紹介した近畿の調査と岡山の調査の真ん中あたりである。

表1-1　計画策定における、コンサルタント等外部機関の関与

	1.すべて（調査の集計、分析、計画書づくり等）外部委託はせず、独自につくりあげた	2.調査の集計に関しては外部委託をしたが、分析と保健福祉計画づくりは、市町村独自に行った	3.調査の集計と分析は外部委託したが、保健福祉計画づくりは市町村独自に行った。	4.調査の集計と分析は市町村独自に行ったが、保健福祉計画づくりは外部委託をした。	5.調査は、以前行ったものを使い、保健福祉計画づくりは外部委託であった。	6.調査は行っておらず保健福祉計画づくりのみ外部に委託した。	7.調査の集計と分析、また保健福祉計画づくりもすべて外部に委託した。	合計
市部	11.1(1)	33.3(3)	11.1(1)	0.0(0)	0.0(0)	0.0(0)	55.6(5)	100.0(9)
町村部	22.5(9)	12.5(5)	22.5(9)	20.0(8)	0.0(0)	0.0(0)	22.5(9)	100.0(40)
島嶼部	18.8(3)	12.5(2)	31.3(5)	0.0(0)	0.0(0)	0.0(0)	37.5(6)	100.0(16)
合計	19.7(13)	15.2(10)	22.7(15)	12.1(8)	0.0(0)	0.0(0)	30.3(20)	100.0(66)

（高橋1999：10）

その後の計画におけるコンサルタント等の関与

　第1回の老人保健福祉計画策定から現在まで30年ほどたつが、この間、介護保険制度の導入、自治体合併など、自治体行政に大きな変化があった。高齢者の計画としてはむしろ介護保険事業計画への比重が重くなり、また合併による自治体規模の拡大で自治体の自主性や分権化は強まったようにも見えるが、逆に細かい福祉行政への配慮が欠けている側面もある。実際に先の調査からは町村部より市部の方がコンサルタントへの依存が強かったのである。規模は小さいが、コンサルタントの関与について、筆者が鹿児島県内の自治体に対して2015年に行った調査[4]では回答等によって確認できた20自治体のうち、老人保健福祉計画と介護保険事業計画に関して「全部外部委託」している自治体が40％、「一部委託」が50％、「独自作成」が10％となっており、依存度は増して

4　2015年2月、郵送法にて鹿児島県内自治体に対して実施。

いるようにみえる。

（2）老人保健福祉計画のレベルチェック―ナンバーワンの福祉計画

　老人保健福祉計画が進行していく中で、これらのレベルをチェックするという試みも現れた。川村匡由は『老人保健福祉計画レベルチェックの手引き』の中で、その意図を「これにより他の市町村を対象に他の市町村の計画と比較検討することができるだけでなく、全国約3300のすべての市町村の計画を対象にランキング評価し、一種の競争原理を導入することによって、近い将来、より充実したものとすべくローリング（部分修正・改善）し、地域福祉の推進に資する」（川村1994）としている。

　地域課題は多様なものであり、それぞれにふさわしい計画をつくることも重要ではないか。時代的には規制緩和や競争原理という言葉が政策のなかでも使われ、その後の基礎構造改革にも色濃く反映されているが、老人保健福祉計画はナンバーワンを目指すのか。徐々に分権化や自治体の主体性というニュアンスとは離れ始めてきていると言える。

　また川村は、「この老人保健福祉計画は従来の経済計画や社会計画と同様、一見、国から地方に向けたトップダウン方式による行政計画のようにみられるものの、その内実は市町村から都道府県、さらには国へと積み上げるボトムアップ方式による行政計画としてわが国の社会福祉制度上、画期的な改革である」（川村1994：7）とも述べている。しかしこの計画は本当にボトムアップであったのだろうか。[5]

（3）ボトムアップかフィードバックか

　1992（平成4）年7月の全国都道府県老人保健福祉計画主管課長補佐等打ち合わせ会の資料「『老人保健福祉計画について』解説」でも、「ボトムアップ」という言葉が使用されていた。「住民に最も身近な行政主体である市町村において高齢者のニーズを把握し、ボトムアップ的に計画を積み上げていく手法を採用しており」（厚生省老人保健福祉局老人福祉計画課・老人保健課1993：65）や

5　計画書だけをみて、計画そのもののレベルチェックをするなどというのは少し無理があるように思う。計画そのものと計画書を同一視すべきではない。

「老人保健福祉計画は市町村を基礎としたボトムアップ方式を採用しており、一律に在宅福祉のサービス量を定めて人口で市町村に割り振り、市町村の自主性を失わせることになっては本末転倒と考えられます」(厚生省老人保健福祉局老人福祉計画課・老人保健課 1993：69) とある。この当時、確かに、老人保健福祉計画で集約された自治体の数値が新ゴールドプランに影響を与えたとして、ボトムアップということばが使われた。しかしこれはむしろボトムアップというよりフィードバックに近いのではないだろうか。ヘルパー 10 万人のつもりで施策を動かそうとした。自治体でのニーズを把握したら、17 万人必要だった。だから国は 17 万人ということにした。これがボトムアップといえるのか。

　国のやり方をみていると、国全体の施策展開のために、自治体のデータを利用するということはあるだろうが、計画作成は国にデータを提供するために行うものではない。それが国全体の施策のために集められた計画ということになり、それぞれの地域でのユニークさや、自治体の身の丈に合った計画ということとはほど遠くなる。いわば、全国的な動向を把握するために部分をなしているということである。それが分権化の意味だろうか。

4．老人保健福祉計画と介護保険事業計画との棲み分け

　通知では老人保健福祉計画は、「市町村は、計画の実施状況を毎年定期的に点検すること、また計画の実施状況、高齢者をめぐる状況の変化に対応し、計画の妥当性を評価するため、計画の中間点前後において見直しを行うことが適当であること」と明言されていた。ゆえに本来、老人保健福祉計画の見直しは、中間点でのローリングとして、いち早く行われるべきものであった。この時点で老人保健福祉計画は 5 年の計画であったが、介護保険の創設が検討される中で、介護保険導入待ちの状態が続き、明確な中間見直しそのものも曖昧なままになってしまったようにみえる。

（1）介護保険事業計画と一体的策定が求められた老人保健福祉計画
　介護保険制度のねらいは、要介護者等に対して必要なサービスが適切に提供されることであり、そのため市町村は介護保険事業計画を策定せねばならない。

　介護保険事業計画は当初は、3年ごとに、5年を1期とする当該市町村が行う介護保険事業に係る保険給付の円滑な実施に関する計画とされていた。（当初の介護保険法第107条）現在は3年1期となっているが。都道府県の場合は、同様の介護保険事業支援計画を策定することが義務付けられている。

　当初の介護保険法では、計画の中には①各年度における介護給付等対象サービスの種類ごとの量の見込み、②見込量の確保のための方策、③指定居宅サービスの事業又は指定居宅介護支援の事業を行う者相互間の連携の確保に関する事業その他の介護給付等対象サービスの円滑な提供を図るための事業に関する事項、④その他介護保険事業に係る保険給付の円滑な実施を図るために市町村が必要と認める事項を盛り込まねばならないとされていた。

　介護保険事業計画は2000（平成12）年度からの計画であるが、市町村は1999（平成11）年度中に介護保険事業計画と新老人保健福祉計画の策定を行わなければならなかった。老人保健福祉計画は、介護保険の給付対象及び給付対象以外の老人保健福祉事業を含めた、地域における老人保健福祉事業全般にわたる供給体制の確保に関する計画として位置づけられる。このため介護保険給付対象サービスだけではなく、「介護保険給付対象外の措置による施設サービス等の必要な見込み量や整備計画等を定めるとともに、介護保険対象外の在宅サービスを地域においていかに組み込んで体系化するかなど地域における総合的な老人保健福祉事業に関する総合計画として作成する必要がある」（全国介護保険担当課長会議資料1998年1月13日）とされていた。

（2）計画策定と住民参加―公募委員のすすめ

　介護保険事業計画では、過去の老人保健福祉計画以上に住民参加が強調されている。介護保険法第117条11には「市町村は、市町村介護保険事業計画を定め、又は変更しようとするときは、あらかじめ、被保険者の意見を反映させるために必要な措置を講じるものとする」と述べられており、厚生省基本指針案に類するものをみても、こうした被保険者の意見を反映させるために「計画作成委員会等の体制の整備に当たっては、公募その他の適切な方法により被保険者たる地域住民の代表としての参加を配慮すること」が明記されている。このため、介護保険施行に先立って各種の説明会の開催、懇談会やシンポジウムな

ども行われた。こうしたことを受けて各自治体の計画づくりには、これまで以上に住民の計画への参加が積極的にすすめられてきた。

　それは第一に、公募による委員の選定を多くの自治体が採用したことにあらわれている。「公募」スタイルは、法に明記されていないが、旧厚生省の基本指針案などでは明記されていた。朝日新聞社が全国の政令指定市、県庁所在市、中核市、東京都の特別区の計 79 自治体を調査（1999 年 1 月実施）したところ、56％の自治体が、介護サービスの内容や保険料などの水準を定める介護保険事業計画の検討メンバーに、公募した住民を加えている。委員数の平均は約 24 人であり、公募枠を設けていたのは予定を含めて 44 自治体（56％）だった。検討組織には行政関係者のほか、学識経験者や保健・医療・福祉関係者らを加えたうえで 2 から 4 人の委員を公募で選ぶ自治体が多く、最多は 10 人だった。公募の選び方では、公募の際に、広報紙や回覧板で募り、作文や面接、抽選で選考。保険料を納めることになる 40 歳以上の住民（被保険者）から公募委員を選ぶ自治体が多かったが、20 歳以上とする自治体や、年齢制限を設けない自治体もあった。公募しなかった自治体はその理由として、「公募の時間がなかった」「婦人団体や老人会、市民団体からメンバーを推薦してもらっており、住民代表の意見を反映している」「公募の代わりに、意見をしっかり言ってくれる人を集めた」[6] などと説明している。[7]

（3）老人保健福祉計画の見直し

　介護保険事業計画の作成が求められるようになり、老人保健福祉計画との関係をどのように考えるかについては、各期における計画策定時に、その都度、国からの通知があったようである。

　たとえば、2002（平成 14）年 2 月 12 日、全国介護保険担当課長会議資料の中で、「老人保健福祉計画の見直しについて」示されているものを参照すると、

6　朝日新聞 1999 年 1 月 26 日。

7　住民参加のあり方としては、現在公募枠を設けることは、かなり一般化しているのではないかと思う。そのほか、住民懇談会としてワークショップスタイルのものがさかんに行われるようになってきている。ニーズ把握や問題発見、あるいは、施策のアイデアの創成、そして合意形成の中で機能的な手法である。しかしこの時期は、あまりこの点は強調されていなかったように思う。現在では、パブリックコメントの実施も必須となっている。

　計画策定の基本指針では、「3 介護予防及び疾病予防の推進」として、「介護予防の取組みには、老人保健事業として実施されているもの、介護予防・生活支援事業として実施されているもの、医療保険者による保健事業として実施されているもの、地域リハビリテーション対策として実施されているもの、地域住民等の自主的な活動として実施されているものなどがあることから、保健・福祉・医療の各種サービスを提供する機関や担当部局が連携し、利用者の立場に立ったサービス提供体制を確保することが重要であり、さらにはその他の部局や機関も視野に入れ、就業支援やまちづくりなども含めた総合的な介護予防施策として積極的に推進していくことが求められる」としている。また「5 地域生活支援（地域ケア）体制の整備」では、「(1) 高齢者の多くが、長年生活してきた地域で暮らし続けることを望んでいる。このためには、高齢者が介護や支援が必要な状態になっても、安心して生活を送ることができるよう、高齢者を地域全体が支える体制を構築する必要がある。そうした観点から、高齢者が生活を送る居住環境を重視し、日常生活圏域を基本に、地域ケアを支える各種サービス提供機関や居住空間、公共施設、移動手段などの社会資本の集積的な整備を進め、高齢者が必要なサービスを円滑に利用できる環境を整備することが求められる。また、地域生活支援（地域ケア）体制の整備に関しては、専門職だけでなく、地域住民を主体とした自主的な取り組みやボランティア活動、特定非営利活動法人（ＮＰＯ法人）をはじめとする民間非営利活動も重要な役割を有していることに留意する必要がある（以下略）」とされている。[8]

　このなかで議論されている点、「介護予防」や「地域ケア体制整備」は、今では地域包括ケアシステムの構築として、介護保険の議論のなかで説明されているように思う。

　要介護の高齢者等を支援する仕組みとして導入された「介護保険」が今や、高齢者福祉全体を覆うようなサービスシステムとなり、老人保健福祉計画として議論する側面、特に老人保健法自体がなくなり、その存在意味が今や薄れてきている。

　介護保険はもともと介護の社会化をめざし、社会連帯による方式で費用を賄

8　https://www.mhlw.go.jp/topics/kaigo/kaigi/020212/4-2.html（2022 年 9 月 5 日参照）

う。介護保険が「保険」である限り、多くの国民は、加齢に伴う生活障害が起きた時に、本人や家族の支援をしてもらえる仕組みとして認識していただろう。しかし、今は介護保険の大きなポイントの一つは、要介護に陥らないための予防事業や生活支援であり、それらの中には、なんと要介護認定の対象者でなくても利用できたりするものもある。本来なら、要介護認定者に対する支援を行うのが介護保険であり、予防を含めたそれ以外のサービスシステムは、主に公費を財源にする老人保健福祉計画の中で展開すべきではないだろうか。そして計画化の流れは分権化の流れと共通だが、国の施策とコンサルタントに翻弄されているようにも見える。

文献

大森彌（1992）「発想の転換を求められる市町村」『月刊総合ケア』2（10）

高田真治（1992）「地方老人保健福祉計画の策定の視点―その背景と展望」『月刊福祉』75（8）：33

大橋謙策（1995）『地域福祉論』放送大学教育振興会

厚生省老人保健福祉局老人福祉計画課・老人保健課監修（1993）『老人保健福祉計画作成ハンドブック』長寿社会開発センター

地方老人保健福祉計画研究班ガイドライン検討部会報告（1991）「老人保健福祉計画策定指針の骨子について」https://www.ipss.go.jp/publication/j/shiryou/no.13/data/shiryou/syakaifukushi/456.pdf（2024年1月11日参照）

福祉関係三審議会合同企画分科会（1989）「今後の社会福祉のあり方について（意見具申）－健やかな長寿・福祉社会を実現するための提言」 https://www.ipss.go.jp/publication/j/shiryou/no.13/data/shiryou/syakaifukushi/376.pdf（2024年1月11日参照）

松本眞一（1994）「高齢者保健福祉計画の実状と課題―和泉市老人保健福祉計画を中心にして」桃山学院大学総合研究所『総合研究所紀要』28(1)

山本隆、杉本敏夫、香川幸次郎、栗田修司、高戸仁郎 ほか（1994）「老人保健福祉計画における市町村の対応」『日本保健福祉学会誌』1(1)：50

高橋信行（1999）「鹿児島県の市町村行政と社会福祉協議会に対する福祉調査報告書１．平成5年度の老人保健福祉計画策定のための実態調査の検証について」鹿児島

　　経済大学附置地域総合研究所

川村匡由（1994）『老人保健福祉計画レベルチェックの手引き』中央法規出版

第2章

3町が一緒につくった福祉計画
―徳之島3町障害福祉計画―

1．市町村障害福祉計画および障害児計画の位置づけ

　「市町村障害福祉計画」は、現在、障害者総合支援法において、市町村に3年を1期として策定を義務づけられた福祉計画の一つである。障害者総合支援法88条には、「市町村は、基本指針に即して、障害福祉サービスの提供体制の確保その他この法律に基づく業務の円滑な実施に関する計画を定めるものとする」とあり、つづけて、「1　障害福祉サービス、相談支援及び地域生活支援事業の提供体制の確保に係る目標に関する事項」「2　各年度における指定障害福祉サービス、指定地域相談支援又は指定計画相談支援の種類ごとの必要な量の見込み」「3　地域生活支援事業の種類ごとの実施に関する事項」を定めるものとするとある。そのほか、計画は当該市町村の区域における障害者等の数及びその障害の状況を勘案して作成することや、障害者等の心身の状況、その置かれている環境その他の事情を正確に把握した上で作成すること、また障害児計画と一体的に作成できること、障害者計画や地域福祉計画等と調和が保てること、策定や変更に際して、住民の意見を聞く、都道府県の意見を聞くことなど他の計画でも明記されていることが示されるが、その他、「協議会」を設置している場合は、その意見を聴くよう努めねばならないことなども明記されている。
　また「市町村障害児福祉計画」は児童福祉法33条20に、「市町村は、基本指針に即して、障害児通所支援及び障害児相談支援の提供体制の確保その他障害児通所支援及び障害児相談支援の円滑な実施に関する計画を定めるものとする」とされている。

図 2-1　徳之島の地図

2．徳之島 3 町の障害福祉計画策定の経過

　徳之島は奄美群島に位置し、徳之島町、伊仙町、天城町の 3 町から構成される。それぞれの人口は、2020（令和 2）年国勢調査（確定値）によると、徳之島町 10,147 人、天城町 5,517 人、伊仙町 6,139 人となっており、合計で 21,803 人の島である。（徳之島町ホームページによる）[9]

　航路距離で本土から 491 ㎞、奄美市名瀬から 110 ㎞の奄美大島の南西海上に位置し、面積は約 248 ㎢と奄美大島に次いで大きい島である。（奄美群島振興計画 2019：69）

　これまで徳之島 3 町において福祉計画の策定は、全面的にコンサルタントに業務委託する方法がとられていたが、こうしたやり方について関係者から疑問の声もあがっていた。特に、障害者の支援や施策において中心的役割をもつ自立支援協議会[10] から自分たちの声が反映されていないなど、計画の基本に関わる意見が出ていた。

　たとえば当時、障害者自立支援協議会会長の吉留康洋氏は、徳之島のある自治体での経験を「1 回目は委員の委嘱で終わり、2 回目はシンクタンクの担当

9　https://www.tokunoshima-town.org/kikakuka/chose/toke/jinko.html（2024 年 2 月 2 日参照）

10　障害者自立支援法等の一部改正により、2012（平成 24）年 4 月から法定化された（自立支援）協議会は、地域の関係者が集まり、個別の相談支援の事例を通じて明らかになった地域の課題を共有し、その課題を踏まえて、地域のサービス基盤の整備を着実に進めていく役割を担っているとされる。

者が計画案について説明したのだが、よく理解できず、詳しい説明を求めたり提案をした。しかしきちんとした答えはなかった。一方的な話が 1 時間続き、行政とのやりとりもできなかった」と述べている。（高橋編 2019：107-109）

　そうしたこともあり、2014（平成 26）年度策定の計画に関しては、根本からの見直しが図られた。まず、障害者や自立支援協議会そして行政ができるだけ主体的に関わることを念頭におき、徳之島 3 町が力を合わせること。徳之島の特徴でもあるが、3 町が別々の計画を作っても実は利用する事業所は共通だったりするのである。ただ、基礎調査や計画書策定について、何らかの専門家のアドバイスを必要としていた。この点は、鹿児島国際大学附置地域総合研究所（以下「地総研」と略す）が担うことになる。

　こうして徳之島 3 町は、障害者と自立支援協議会と行政とが主体的に、そして 3 町合同で計画をつくり上げること、しかもあまり無理をしない計画づくりを志向し始めた。

3．徳之島 3 町の第 4 期障害福祉計画の策定

　2014（平成 26）年 9 月に第 1 回の策定委員会が行われ、最終的に 3 回の委員会が開かれている。おそらく標準的な自治体の計画に比べ、開始は遅く、また会議の回数も多いとは言えない。途中に合同ワークショップが行われ、調査の中間報告と報告に基づいた課題が討議された。そしてその成果を使って計画案が障害者自立支援協議会を中心に練られた。2015（平成 27）年 1 月にこうした案を策定委員会で検討し、2 月に最終案を承認した。計画書は 3 回の委員会と 1 回のワークショップ、そしてその後数回の障害者自立支援協議会を中心とした作業班による会議を経て、作られたものである。この間に適宜、地総研（高橋）が 3 町からの委託を受けて全体のアドバイザー役で加わっている。地総研の役割としては、これに加え基礎調査の集計・分析に伴う業務がある。

（1）策定委員会（全体討議と個別討議）とワーキンググループ

　徳之島 3 町の策定委員会は、各町それぞれ独立して作られたが、策定委員会は同一会場において 3 グループが合同で討議を行ったり、個別討議を行ったり

して進められた。

写真 2-1　第2回策定委員会の様子

　進行や障害者計画の概略の説明については、ワーキンググループ代表から行い、個別討議は自治体ごとの策定委員会で検討することになる。ワーキンググループは、3自治体行政担当者と障害者自立支援協議会会長、及び地総研担当者から構成されており、計画策定の全体的な作業を行う。策定委員会以前から立ち上げられ、ほぼ毎月1回程度は会議を行っていた。

　自立支援協議会会長の弁によると、以前のある自治体の策定委員会ではシンクタンクの説明を中心に30分程度で終わっていたが、今回は2時間近くも議論を行っており、策定委員会の活性化を感じたという。

（2）実態把握のための基礎調査

　計画づくりの開始は、実態把握やニーズ把握からである。計画づくり全体からみるとアセスメントにあたる部分であるが、一般的にはこうした把握方法としてアンケート調査や座談会が行われてきた。しかしアンケート調査は、必ずしも十分に分析されず、かつアンケート調査結果が十分に住民に開示されることがないのではないか。いわばアリバイづくりとしての実態調査も多い。どこの自治体も福祉計画をつくるときには、大規模なアンケート調査を実施しているが、質問項目の策定から集計分析までをコンサルタントに委託することが多く、標準的な質問項目で地域の実情を反映した調査が十分に実施できていない実態もあるように思う。

　障害福祉計画の場合、国からの細かい指示（基本指針等）が提示されており、質問項目に関する自由度は必ずしも高くないが、これに自治体独自の質問項目

が加えられ、実施される。

　今回の実態調査では、2014（平成26）年7月にワーキンググループにおいて打ち合わせを行い、これに基づいて、8月に調査票を作成、9月に調査実施と回収、10月にデータ入力と集計、分析を行っている。調査は3町の障害者を対象に、民生委員による配票（留置）調査であるが、調査対象によっては面接法を用いている場合もある。調査票は3町で共通のものが用いられているが、集計分析は3町ごとに行っているところとまとめて行っているところがある。またデータの入力については、障害者就労支援事業を行っている福祉事業所へ依頼した。

（3）合同ワークショップ

　2014（平成26）年10月19日、3町合同ワークショップを実施した。はじめに、鹿児島国際大学岡田洋一教授による基調講演（演題「精神障害者の支援について―リカバリーの視点をもって」）が行われ、89名の住民が参加、引き続き行われた実態調査中間報告とKJ法（川喜田2018）を使ったワークショップでも26名の住民が参加した。

写真 2-2　ワークショップに先立って行われた基調講演

写真 2-3　ワークショップの様子

表 2-1　ワークショップ開始時の資料

ワークショップ　「障がいをもたれた方の生活課題を考えよう」

〈**ワークショップの手順**〉
1．オリエンテーションならびに福祉計画の現状の説明（20 分）
2．意見をだし、カードの記入（50 枚から 80 枚程度が目安）（1 時間）
3．カードのまとめ、模造紙に貼っていく作業（30 分）
4．できあがったものをグループごとに説明する（30 分）
5．総評—終了（10 分）

（1）ワークショップ 1　テーマは「障がいを持たれた方はどのようなことで困っているか」
　障がいをもった人たちの生活課題について議論をしていきます。

（2）ブレーンストーミング
　話し合いはブレーンストーミングという手法を用います。ブレーンストーミングでは、出てきた意見に対して、肯定的に反応し、自分の意見を付け加え、発展させます。できるだけ批判的な意見はしないようにして、多様な意見を出していきます。障がいをもった人たちがどんなところで困っているのか、みなさんで考えてみます。以下の項目は、話し合いをするきっかけとなるようなテーマです。
　これに関連した調査結果を以下に示しています。

（3）考えをカードに書いて発表する
　ただし、今回ははじめに考える時間を設け、カード（ラベル）に何枚か意見を考えておいて、その後みんなで考えた意見を発表し合います。発表が終わったら、ふたたび考える時間を持ちます。そして発表します。
　意見が出尽くしたら、次のテーマに移ります。（意見は 2 ～ 3 行程度、できるだけ具体的な意見を）

（4）KJ 法の展開過程
　カードをばらばらにして、似ているカード（ラベル）を集める。そして束ねたカードに表札をつけ、クリップでとめる。この作業を繰り返します。

討議項目—これにこだわらなくてもけっこうです。
1．外出時の困りごと
2．日常生活の困りごと
3．楽しみにしていること
4．収入や働くことについて
5．災害時に不安なこと
6．その他のお困り事
7．こんなサービスや事業があったらいいと思うこと
8．行政や地域住民への注文
9．その他

　ワークショップにおいては「障がいをもたれた方の生活課題を考えよう」を
テーマに、5 グループから計画策定の基礎となる現状や課題、今後の方向性に
ついてのA型図解を得た。下記は5枚のA型図解のうちの1枚である。

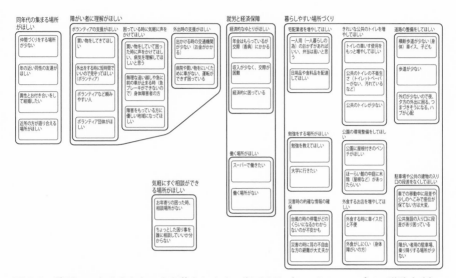

図 2-2　障がいのある人もない人も暮らしやすい街づくり（ワークショップでの議論内容）

　これらのワークショップでの意見 5 枚の A 型図解の中身を集約してみると、
以下のようなニーズが見られた。

表 2-2　集約されたニーズ[11]

1．就労支援―（経済保障と自立に向けた）
2．災害時支援―（情報弱者、避難所のバリアの側面）
3．情報提供（不足）―サービス内容がわからない、提供者の情報共有、手帳の活かし方等
4．交流やふれあいの機会・場所の提供―同じ悩みを持つ人、障害者と健常者、障害者同士

11　地総研として高橋の方でまとめたものである。

> 　5．地域住民の障害の理解の促進
> 　6．物理的バリアのない社会―公共施設のバリアフリー、トイレ、段差の問題等
> 　7．障害を抱えた人自身、家族の意識改革やエンパワメント
> 　8．将来の生活保障―家族介助ができなくなったとき
> 　9．金銭管理の支援
> 　10．障害者自身の自己決定の促進
> 　11．障害者へのボランティア支援
> 　12．障害者の社会貢献―社会貢献が生きがいや楽しみになる

（4）課題解決シートから計画書の作成

　KJ法にもとづくこの5枚のA型図解をもとに、自立支援協議会を中心に問題解決ワークシートにテーマを落とし込む作業を行っている。高橋が勧めたワークシートのスタイルは以下のようなものである。

表2-3　問題解決ワークシート

問題や課題	原因	推進の方法（目標設定）どのようにしていくか。	具体的方法（求められる活動や事業）どんな事業や活動サービスが考えられるか。	誰が何をやれるか					既存組織 あり なし	既存組織名（ない時はつくりたい組織）
				運用責任主体	行政	福祉団体、NPO、民間企業	当事者、家族	地域住民		
（例示）障害者用トイレが少ない	管理されていない。ハードが古い	最低限、公共室のバリアフリー化を進める	トイレマップの作成。既存設備の改修。施設管理。事業所設備の開放	行政・障害者団体	管理契約の委託、改修工事	就労契約	情報提供、障害者部会で情報集約	必要なトイレを通報する	○	マップ障害者部会

4．徳之島3町障害福祉計画の反響

　徳之島3町の障害福祉計画に地元紙「南海日日新聞」も注目し、2015（平成27）年に「群島リポート　問題意識を共有」という記事にもしている（2015年7月18日）。そのなかで「徳之島町、天城町、伊仙町は2014年度、初の試みとして『障がい福祉計画』の作成に3町で連携して取り組んだ。計画づくりに行

政担当者と自立支援協議会、住民らが直接関わることで、新たな課題の発見や
問題意識の共有につなげた」と評した。

　記事では、行政担当者の意見として、以下のような声を取り上げている。「行
政の担当者は数年で異動となるため、多くの関係者の皆様に計画策定の過程で
関わっていただくことを念頭に取り組んできた。関係者の皆様には『自分たち
の計画』として、たいへん活発なご意見・議論をいただき、盛り上がりを実感
した。策定を通して新しい動きが起きており、行政としても福祉関連施策の推
進に取り組んでいく」「今回の計画を通して、町単独では出来なかった事が出来
た 1 年だったと感じています。様々な立場の方の意見を聞く機会を設ける事で
行政の視点では見えない、出てこないであろう意見も出てきたと思います。今
後本計画を基に徳之島の福祉がより良い方向へ進めるように尽力していきま
す」。また当時自立支援協議会の会長であった吉留康洋氏は「計画策定時に行っ
たワークショップや策定委員会を通してこれまで、把握できていなかったアン
ケートのフリーアンサーについてじっくり話し合う機会を作っていただいたこ
とは非常にありがたく関係者の理解を深めることができた。また、今後の協議
会のあり方も計画策定の中で議論することができ計画を実行するための課題解
決にむけて話あいを続けていきたいと思う」と感想を述べている。

　また奄美市の障害福祉計画も、この取り組みに触発されて実態調査以外のと
ころは、自立支援協議会を中心に計画策定をするという方向になったときく。

5．徳之島 3 町障害福祉計画の特徴

　徳之島 3 町の障害福祉計画策定の特徴を述べると、以下の 6 点をあげること
ができる。

（1）天城町、伊仙町、徳之島町の 3 町が歩調を合わせて、合同で作り上
　　 げた

　基本的に障害福祉計画は、各自治体が単独に作成するものである。徳之島の
場合、一つの島の中に三つの自治体があり、3 自治体の人口もあわせて 2 万人
台という規模であったこと、何より福祉サービスを提供する事業者そのものが

3自治体にまたがっている点などお互いの連携体制が有効であったこと、3自治体が力を合わせることで、主体的な計画づくりが実現できるのではないかということがあった。ここは自立支援協議会や大学の働きかけもあった。もともと3自治体で協働活動を行うことが多かったことがベースにあったと思う。その意味では離島ならではの特性とも言えるかもしれない。

（2）コンサルタントへの全面委託をやめて、地元大学の部分的協力を仰いだ

　コンサルタントへの丸投げ状態の委託に対して、批判的な問題意識があり、自治体や関連団体が主体的に納得のいく計画をつくるという意味で、コンサルタントへの委託をやめた。

　ただし、単独で作り上げることに不安があり、それが一つのきっかけとなり合同作成に傾いた。また専門的なアドバイスの必要性から地元大学の研究機関に支援を求めた。ただし、大学が福祉計画を丸投げされたのでは意味がない。その意味で、自治体の自立性を担保しながらどのように支援していくのかについては、研究所はファシリテーター的な役割に徹することが必要であった。

（3）アンケートデータ入力、計画書の印刷製本を地元の障害福祉事業所が行った

　福祉計画策定には、いずれにしても一定の予算の確保が必要であるが、これまではコンサルタント契約のなかに、実態調査の集計・分析、計画書の作成などを一体的に任せていた。徳之島に関して言えば、これらは、すべて島外の機関であった。ここでは、データの入力作業や計画書の印刷作成を地元の業者（障害福祉事業所）に頼んだ。こうして、福祉計画づくりにおいて、できるだけ地元の社会資源を活用していくことをここでは「福祉計画の地産地消」と呼ぶことにする。

（4）無理のない計画づくり

　策定委員会の回数は3回であり、これまでと変わらない。全体的に背伸びをせず、無理をしない形で計画づくりを進めた。ただしコンサルタントに丸投げ

をしなかった分、自治体内で行わなければならない作業等は増えることになったろう。

（5）大幅な予算削減

　鹿児島国際大学地総研への委託であった点、3町が予算を分担したことなどにより各町の経費は大幅に削減された。

（6）行政と福祉関係者の信頼関係の高まり

　当時の自立支援協議会会長の吉留氏は、あるシンポジウムの中で、この点について興味深い話をしている。きれいな計画書ができるのは悪くはないが、計画策定は結果よりは経過プロセスであるということ。他自治体のある施設長が講演で「行政は何もしてくれない」と言っていたが、後で聞いてみると、行政とまともに話をしていなかった。行政の人とちゃんと話のキャッチボールをしていなかったら、何を必要としているかわからない、どう動いていいかわからない。自分が話をしに行っていないのに関わらず、悪口を言うのは違うんじゃないか。この計画策定に携わらせていただいたおかげで、行政の方たちとすごく親密に、いいことも悪いことも話ができるようになった。（高橋編 2019：109）

　吉留氏の話では、これがきっかけとなり、行政と連携しながら新たな事業が立ち上がったりすることが多くなったというのである。その意味で計画づくりは行政と福祉関係者や地域住民との相互理解を深めるきっかけにもなるという、これは徳之島だけではない一般化可能な特性でもある。

　またできあがった計画書だけで、計画そのものを評価しようとする試みもあるが、吉留氏がいう「結果より過程」を重視するという視点は、まさにプロセス志向の地域福祉への自覚ということかもしれない。

6．地元大学が果たした役割

　現在大学は地域の知の拠点（COC）としての役割がこれまで以上に求められるようになってきている。その意味で地総研が福祉計画策定に関わった点は、COCの観点からも意義深いが、単にコンサルタントの代わりに研究所が関わっ

たというだけでは十分ではない。大事なことはコンサルタントに全面的に委託することによって起こる弊害を、研究所が関わることで除去できたかという点である。このプログラムに関わったのは筆者自身であるが、少なくとも筆者自身が念頭においたのは以下の点である。

　1点、前にも言ったように、現在自治体は数多くの福祉計画策定のノルマを負っている。その意味でこの計画だけにあまり多くのエネルギーを傾けることはできない。普通の自治体が無理なく、しかも効果的な計画をつくる必要がある。それはまた3年後にもつくらねばならないのである。担当はすでに変わっているかもしれない。その意味で無理のない計画づくりが必要である。

　2点、計画では支援団体や当事者、そして住民の意見を反映させねばならない。そのためには、単に話は聞きましたというだけのアリバイづくりの調査ではまずい。調査結果を関係者の前に示して、それがヒントになり、課題や対応策が議論されるものでなければならない。今回の計画では公式の策定委員会は3回である。そして調査結果の中間報告とそれをもとにしたワークショップを1回、その後自立支援協議会と行政を中心とした作業班の検討会が数回程度でつくりあげた計画である。

　またデータの入力や報告書の作成に地元の障害者団体の力を借りることができ、これらの作業が障害者の就業支援の一つとして実施できたことも意義が大きかったと思う。

　地総研としては、調査項目を行政や自立支援協議会と一緒に考え、データ入力のために基本的なファイルを作成し、データ入力されたファイルを使って実際に集計分析を行い、中間報告を行った。それをもとにワークショップによって課題の抽出、その後、課題解決のためのワークシート作成を提案、計画書の考え方や対策を自立支援協議会と策定委員会が考えていったのである。

　担当者と自立支援協議会会長の声からも、主体的に作った満足感が感じられる。実際に、他の福祉計画に関わった職員から「このやり方なら、うちで作った別の計画もコンサルタントなしに作れるかもしれない」との声があがっていた。かりにコンサルタントに委託するとしても、ある程度策定委員会が主体的に関われる計画になるのではないかと思う。

7．徳之島の障害福祉計画のその後

　地総研の委託事業として関わった第 4 期障害福祉計画（2015 年 4 月～ 2018 年 3 月）の後に、2018 年度からの 3 年間の計画である第 5 期障害福祉計画にも、3 町からの委託事業として筆者が関わっている。ただし、計画づくりについては、コーディネーターとしてかなり主導的に関わってきた 4 期に比べると、5 期は集計分析の部分的なところに限られた。そして第 6 期にいたっては、徳之島 3 町と自立支援協議会だけで計画策定ができるようになった。

（1）第 5 期障害福祉計画の作成

　第 5 期障害福祉計画（2018 ～ 2020 年度）を策定する場合の留意点としては、まず前回計画の振り返りを行うことである。加えて、国の基本指針の見直しに対応することであった。今回は、第 1 期障害児福祉計画も策定しなければならない。また自立支援協議会から、ひきこもり者の調査を合わせて行いたい旨の話があり、通常の障害者実態調査（アンケート調査）のほか、障害児調査とひきこもり者調査を合わせて行っている。

　第 5 期の計画では、障害児福祉計画の策定が一体的に求められ、精神障害に対応した地域包括ケアシステムの構築なども考える必要がある。

　2017 年 7 月 30 日に第 1 回策定委員会を実施し、12 月はじめにはワークショップを実施している。

写真 2-4　第 1 回策定委員会の様子（各町 3 グループに分かれている）2017 年 7 月

　ワークショップは、12月2日13時より「障害児対応」、15時より「ひきこもり者対応」、12月3日10時より「障害者対応」と三つにわけて行っている。また今回は鹿児島国際大学の学生、大学院生も参加した。

写真 2-5　障害児対応ワークショップの様子

写真 2-6　障害児対応ワークショップ

（2）第6期障害福祉計画の作成

　第6期障害福祉計画（2021〜2023年度）は、直接に大学に委託することなく徳之島内の関係者だけで独自に策定を行った。計画策定過程では、実態調査の集計分析が最もハードルが高かったが、第5期障害福祉計画にも関わった大学院生が徳之島の社会福祉法人に就職したこと、自立支援協議会の会長が鹿児島国際大学大学院生となり、調査集計を含めた計画づくりのノウハウを身につけたことなどもあり、3町の力で策定が可能となったのである。

文献

鹿児島県（2019）「奄美群島振興開発計画（令和元年度〜令和5年度）」https://www.pref.kagoshima.jp/ac07/pr/shima/amami/documents/39237_20190524132317-1.pdf（2024年1月11日参照）

高橋信行編（2019）「清水基金プロジェクト成果報告　徳之島シンポジウム『地方創生と地域共生社会』―合計特殊出生率2.81（伊仙町）の島で」『地域総合研究』46（2）：93-121

川喜田二郎（2018）『発想法』第3版（電子書籍版）、中央公論社

第**3**章

ナンバーワンよりオンリーワン
―南大隅町地域福祉計画―

はじめに

（1）地域福祉計画とは

　地域福祉計画は、2000（平成 12）年 6 月の社会福祉事業法等の改正により、社会福祉法に新たに規定された事項であり、市町村地域福祉計画及び都道府県地域福祉支援計画からなる。地域福祉計画は、地域福祉の推進を軸にして、社会福祉基礎構造改革の流れの中で、社会福祉そのものの改革を地域レベルにおいて想定したものともいえよう。またそこでは、ことさらに、「住民参加」ということが唱えられる。この流れは、介護保険事業計画あたりから、策定委員の公募等によって進められてきたものともいえそうである。

　地域福祉計画は、社会福祉法にうたわれた計画であり、その中では地域福祉の推進が強調される。社会福祉法第 4 条 2 では、「地域住民、社会福祉を目的とする事業を経営する者及び社会福祉に関する活動を行う者は、相互に協力し、福祉サービスを必要とする地域住民が地域社会を構成する一員として日常生活を営み、社会、経済、文化その他あらゆる分野の活動に参加する機会が与えられるように、地域福祉の推進に努めなければならない」と述べられている。

　社会福祉法における「地域福祉計画」の規定は、あまり具体的なものとは言えないが、地域福祉の推進に関する事項について、当初は以下の 3 点を内容とすることが明記されていた（市町村地域福祉計画）。

1　地域における福祉サービスの適切な利用の推進に関する事項
2　地域における社会福祉を目的とする事業の健全な発達に関する事項

　3　地域福祉に関する活動への住民の参加の促進に関する事項

　「地域における」という文言で、あるいは地域福祉という言葉で始められてはいるが、利用と事業と住民参加をポイントとする社会福祉施策そのものの計画を内容とするものとも言える。

　地域福祉計画の内容については、その後、2002（平成14）年1月28日の社会保障審議会福祉部会によってまとめられた「市町村地域福祉計画及び都道府県地域福祉支援計画策定指針の在り方について（一人ひとりの地域住民への訴え）」の中で、ある程度、具体的方向性が示されている。

（2）ポイントは「総合性」と「住民参加」

　この指針では、地域福祉推進の背景にある問題として、地域の相互扶助機能の弱体化、住民相互のつながりの希薄化（地域社会の変容）、自殺、ホームレス、家庭内暴力、虐待など生活上の諸課題の複雑化、多様化があげられている。他方、ボランティアやNPOなどの活動が活発化し、社会福祉を通じた新たなコミュニティ形成の動きも顕著である点、また福祉サービスを特定の人のサービスと考えず（普遍主義）、地域住民自らが支える仕組み（住民の積極的参加促進）社会福祉を特定の人に対する公費の投入と考えるのではなく、むしろ福祉活動を通じて地域を活性化させるものとして積極的な視点でとらえることが必要であると述べられている。地域住民を単にニーズの発信者、福祉サービスの利用者としてみるだけでなく、実践者、支援者側としても想定しているところがこの計画の特徴であり、行政計画であるにはちがいないが、いかに地域住民をこの中に取り込めるかが鍵になる。

　地域福祉計画は市町村が策定する計画が軸であるが、都道府県は支援計画を策定することもうたわれている。

1．南大隅町の概略

　ここからは、南大隅町地域福祉計画策定までの5年間の取り組みを、ファシ

リテーターとして関わった筆者がまとめたものである。[12]地域福祉計画づくりの準備に入ったのは 2013（平成 25）年であり、計画が策定されたのが 2016（平成 28）年度であったので実に 4 年間をかけて関わったことになる。具体的には 2 年間の準備段階を経て 3 年目から策定のための実態調査、そして 4 年目に委員会がたちあがり、計画が作られた。

　通常、半年から 1 年でつくりあげる福祉計画が多い中、準備段階を含め 4 年間での動きのおさらいをしながら、計画づくりに本格稼働したとも言える、最後の半年を終着点として、ファシリテーターあるいはコミュニティワーカーとしての筆者の視点からその取り組みを述べていくこととする。

　加えて第 2 期地域福祉計画策定を行った 2021 年度の策定経過も述べる。

　南大隅町は、鹿児島県旧根占町と旧佐多町が 2005（平成 17）年に合併してできた自治体であり、大隅半島の南部、九州最南端の佐多岬を有している。南東側は大隅海峡、西側は鹿児島湾（錦江湾）に面しており、三方を海に囲まれた半島の先端の町であり、西には薩摩半島の指宿市、南には種子島、屋久島等がある。面積は 214km² である。1950（昭和 25）年に 24,924 人（旧根占、佐多両町合計）であった人口は、2010（平成 22）年度 8,815 人まで落ち込んでいる。人口減少率は鹿児島県では最も著しいものだった。2011（平成 23）年の高齢化率は 43.3%であり、鹿児島県でも最も高齢化率の高い自治体となった。その後 2022（令和 4）年 9 月 1 日段階で 6,461 人、高齢化に関しては、第 8 期の介護保険事業計画では、2020（令和 2）年で 49.0%、2025（令和 7）年で 53.7%という推定値があがっている。（南大隅町 2021：19）

　また他の自治体からの通勤者、他の自治体への通勤者も多い。

12　南大隅町とは、2013 年度より毎年、地域福祉計画策定のための準備研究として委託費をいただき、2016 年度まで研究を続けてきた。当初の南大隅町の委託業務についての目的と業務内容については、当初、地域福祉計画が策定されていない状況の中で、「地域福祉計画及び地域福祉活動計画の啓発と策定推進に寄与することを目的とする」とされ、「本業務は、本町における地域福祉計画の策定にあたり、本町の福祉環境を取り巻く現状と課題を把握するための基礎調査および住民参加を取り入れた計画策定手法の企画・立案を行うものである」とされていた。

　これまで 4 年間の研究成果は、随時『地域総合研究』に原稿の形でも掲載してきた。それらは以下のものである。
高橋信行（2015）「調査とコミュニティワーク―島泊集落調査から」『地域総合研究』42(2)、鹿児島国際大学附置地域総合研究所。
高橋信行（2016）「過疎地域の地域福祉計画はいかにあるべきか」『地域総合研究』43(2)、鹿児島国際大学附置地域総合研究所。

図 3-1　南大隅町の位置

　2007（平成19）年の南大隅町の調べでは、高齢化率が5割を超えている地域は、佐多地区の島泊62.8%、辺塚61.6%、郡57.7%、大泊50.2%と4地域があがっている。当時、限界集落議論がさかんであり、その基準の一つに高齢化率50%以上というものがあったために、こうした集落が注目をされていたところがあった。

　ここでは、全体を三つの構成にわけ、準備研究1として、限界集落論などを踏まえて小規模過疎集落をテーマにしたものと、準備研究2として、集落でのワークショップに焦点をおいた研究、そして三つめに、直接的な地域福祉計画策定過程についての研究について述べていきたいと考える。

2．準備研究1—高齢化率5割を超える小規模過疎集落の研究

　集落機能の著しい低下は、限界集落という言葉と共に2000年代初頭のコミュニティ問題の一つの流れとなっていた。それとともに「限界集落」の定義の要素の一つである、高齢化率5割以上という基準を安易に用いた論説には批判もあった。地域福祉計画策定の先駆けとして、筆者がまず選んだテーマは、南大隅町にとって特に喫緊の課題であった過疎化の問題であった。

（1）限界集落に関する議論
　限界集落議論は地域福祉の推進という点からみても興味深いテーマである。限界集落議論は、農山村地域の人口減少や過疎化の進行が地域における集落機

能や社会活動の低下を招き、特に存続が危ぶまれるような限界集落については集落機能の著しい低下や農地・山村などの地域資源管理の問題が深刻化しているという事実認識に基づいている。（農村開発企画委員会 2007：1）

　限界集落論の第一人者と言える大野晃は、「集落が集落として存続していくためには、集落の社会的共同生活を維持していく担い手が絶えず再生産されなければならない。すなわち、集落の維持には田役、道役などによる農道、生活道の維持・管理、冠婚葬祭の実施、集落運営の中核を担う区長、副区長、会計などの役職者の確保などが必要であり、こうした〈生産と生活〉に関わる社会的共同・協力関係を維持していく担い手が絶えず集落内で再生産されなければならないのである」（大野 2005：21-22）と述べる。

　そして大野は集落を「存続集落」「準限界集落」「限界集落」「消滅集落」の四つに状態区分をしている。このうち、限界集落とは、「65歳以上の高齢者が集落人口の50％を超え、独居世帯が増加し、このため集落の共同活動の機能が低下し、社会的共同生活の維持が困難な状態にある集落」（大野 2005：22）をいう。おそらく、過疎化と高齢化に伴って集落が衰退していく事実そのものについては、議論は以前からあったろうが、こうして、衰退の状態区分を行い、「限界集落」という概念に、操作的定義を行ったところから、限界集落に関わるさまざまな研究や論調（疑問を含め）が現れたということができるだろう。

（2）誇りの空洞化と限界集落に生きる人々の「語り」の共有化の試み

　限界集落対策の中でよく語られていることが、物理的過疎化だけでなく、心の空洞化が進んでいるという指摘である。地域住民がそこに住み続ける意味や誇りを喪失しつつある「誇りの空洞化」である。小田切徳美は、そうした「誇りの空洞化」の場面として以下のような事例を述べている。

　ある山村では、独居高齢者の母が、年に1～2回の子ども達の帰省を待ちわびながらも、「うちの子には、ここには残って欲しくなかった」、「ここで生まれた子どもがかわいそうだ」という。また、「若者定住」を力説する地域の経済団体の幹部は、別の場面では「いまの若い者は。こんなところでは住まない。都会に出るのが当たり前だろう」という。筆者はこうした場面に一再ならず遭遇

しているが、そのたびに、地域の人々が地域に住み続ける意味や誇りを喪失しつつあると感じずにはいられない。それを「誇りの空洞化」と表現している。おそらく、高度成長期から現在まで続く山村地域からの流出は、所得格差のみならず、このような要因も加わった根深いものであると思われる。（小田切2007：4-5）

　そして地域再生の目標について「『所得増大』や『若者定住』だけでなく、それらを含みつつも、より幅広い課題、すなわち『安心して、楽しく、少し豊かに、そして誇りを持ってくらす』という点にあることに気がつく。最近ではしばしば指摘されているように、地域再生には、住民の目線による『暮らしの視点』が欠かせない。このように『誇りの空洞化』に対抗する『誇りの再建』をも含む幅広い暮らしをめぐる課題に対応するプロセスが、『地域づくり』（地域再生）と考えられる」（小田切2007：4-5）としている。[13] 言葉をかえて言えば、経済の活性化策だけではなく、暮らしの満足感や地域福祉に関わる側面の重要性を指摘しているようにも見える。

　同様の問題意識から、具体的に集落に対して調査研究を試みた「限界集落に生きる人々の『語り』の共有化の試み―島根県雲南市掛合町の一集落を事例として」（江口他2008）という研究がある。

13　集落の「誇りの空洞化」「あきらめの意識」等の問題は以前から指摘されている。興味深い例は、鹿児島県十島村の研究を行った鳥越の指摘である。十島村は、屋久島と奄美大島の間に位置するトカラ列島からなっており、口之島、中之島、平島、諏訪之瀬島、悪石島、小宝島、宝島の有人七島と臥蛇島、小臥蛇島、小島、横当島、上ノ根島の無人島五島が南北162kmにおよぶ"日本一長い村"である。現在、人口は665人（2014年11月現在）である。
　1982年、鳥越皓之は、その著『トカラ列島社会の研究』を出版し、その中で十島村の過疎問題について触れ、地域的特質として「生活の『実質』の喪失」と「構造的無責任体系」（構造的な責任の回避）とをあげている。
　鳥越によれば、一方で、産業振興政策によって、農業漁業に土木事業が取って代わることによって、「祭祀・共労組織の形骸化」と「仕事の意味の喪失」が顕在化し、それが、「生活の『実質』の喪失」を産む。他方で、若者の流出と人口の高齢化によって、高齢者は、自分たちの地域について、明確な展望が持てなくなっており、具体的な将来計画について、考えにくくなる。これは個人としてはやむを得ないが、全体としてみれば、問題である。家族内での一番多いのが、「子供が内地で自立し、島内の親が老齢で働けなくなった段階で、親が内地に移動して子供の家庭と合併するという方式」である。個人としてはそれでよいのかもしれないが、島の地域全体のありようとしてはよくないだろうという。（鳥越1982：150）十島村の過疎を考えるとき、その原因に産業振興策があった点を考えると、単純に町おこしに「産業振興」をあげることにも注意が必要であることを感ぜずにはいられない。

　この研究は集落をターゲットにした「アクションリサーチ的手法を用いた実践研究」とでも言えるものである。この研究論文では限界集落支援の方法として、「聞き書き文集プロジェクト」を企画し、実施している。この目的は、一つには、集落住民の語りを通して生きがいや地域の思いを調査すること（第1次調査）と、二つめには外部（研究者等）から新たなコミュニケーション通路を提供することが地域住民間に思いの共有化などの効果をもたらすかについて測定すること（第2次調査）である。一つめは、いわば実態把握の手法であるが、二つめは効果測定に近い。集落住民の語りを「文集」化し、集落住民への文集作成効果を測定したのである。この文集プロジェクトから期待される効果として次の三つが想定されている。

①文集作成参加者個人への効果—人生・家族・生活についての様々な思いを、生き甲斐という切り口から言語化し、「文集」として可視化する。「文集」は文集作成の参加者自らにとっては自己確認のための道具となり、その人生のプロセスを省みることで自己肯定感の一助となることが期待される。

②家族への効果—「文集」は家族の目に触れる機会を提供する。そのことにより、家族内では家族間の理解を深め、各家族成員の心理的安定感等の上昇をもたらすことが期待される。

③地域社会への効果—「文集」は他の地域住民の目に触れる機会を提供する。それにより、集落内の他の住民の思いを新たに知ることで、地域内の連携を強め、その結果個人の孤立感の減少につながる機会になることが期待される。

　この研究の結果、まず、第1次調査によって作成された文集での住民の「語り」からわかったこととして、①中山間地域に住む人々の生き甲斐は、個人的志向のものよりも、むしろ他者との関係性を志向するものが多い。②地域への思いも強く、地域的愛着も強い。また貢献意欲も強い。③地域における高齢化の進行に伴い地域が抱える諸問題が増加している。具体的には、地域内諸施設の消滅、集落行事の維持の問題、移動の大変さ、雪かきなどが見られた。今後、現在の高齢者がより高齢化していくため、多く抱えている地域的問題を集落住民個人で処理していくことはますます困難になることが予想される。特に、「自助」「互助」「公助」のうち、高齢化の進行により特に高齢者の「自助」の部分が困難になっている。ただし、集落には、生き甲斐において他者との関係性は

非常に大きな意味を持ち、他者とのかかわりが強く地域への貢献意欲も高い住民が多い。これらのことから、集落内での住民間援助、すなわち「互助」がある程度期待できる状況であると言える（江口他 2008：21-22）と述べる。

　第 2 次調査の結果は以下のように整理している。

　①文集作成の過程における「語り」によって、「自己確認」の効果がある程度見られた。②「家族」においては、夫婦間で地域の人々の思いを共有する効果が見られた。③「地域社会」における「文集」作成は、日常生活では可視化しにくい地域住民一人一人の「思い」を表面化させ、それを地域の他の人々と「共有化」する可能性をもたらす効果が見られた。（江口他 2008：22）

　本研究では、江口らが用いた手法を参考にし、一方で集落の実態調査を行い、他方で、集落住民に集落の実態情報を提示しながら、住民の意識の変容を求めていくようなアクションリサーチともいうべき手法で南大隅町島泊集落調査研究を企画した。その経緯と結果について以下より述べていく。

（3）島泊集落（校区）調査
1）島泊校区概要

　島泊校区は、1973（昭和 48）年発行の佐多町誌によると、伊座敷より西南へおよそ 7.4km、バスで 25 分、太陽電池の無人灯台のある立目御崎と小場瀬を結ぶ海岸線に沿い、入江に小島をだき景色の明るく美しいところである。人家は海岸まで迫った山のふもとと海岸との間にぎっしり建てこんでいる。海岸まで山が迫りまとまった耕地は少なく、谷あいの田、山の段々畑が耕地の大部分である。気候は穏やかで霜も降りず亜熱帯植物が路地に繁茂しているとある。現在では、人家がだいぶ少なくなっている。

　昭和 10 年頃まで鯖節製造が盛んで漁業を主としていたが、その後鯖の漁獲がなくなり、その後は農業を主としていた。しかし耕地が狭いので男は海に出て沿岸漁業に従事し、漁閑期は山で製炭や薪とりに出て働き、女は牛とともに毎日田畑に出て働く。農業も適地適産にきりかえねばならぬ時期にきているし、製炭の原木も 2、3 年で伐採しつくされているという状態であり、その上沿岸の水産物も年々減っていく傾向にあるので出稼ぎ就職者が年々増加している（佐多町誌編集委員会 1973）としている。

　先にも示したように、島泊の高齢化は進み、農林漁業に従事している者も極端に減っている。小学校も廃校となっているが、廃校後も 10 年くらいは運動会が実施されていたという。集落行事については、規模を縮小しながらも一定数行われている。例えば 2011（平成 23）年度の自治会では、総会や役員会が複数回行われ、そのほか清掃作業、祭（祇園祭り、神社祭り、十五夜等）、駅伝避難訓練、グラウンドゴルフや体育大会、駅伝大会参加、など月 1 回以上の行事が行われている。[14]

2）調査計画

　今回の調査計画は、先の「限界集落に生きる人々の『語り』の共有化の試み」研究の手法に類似した方法を使いながら、三つの調査を企画している。一つは、20 歳以上の住民を対象にした地域福祉や生活の困り事等についてアンケート用紙を使った調査である（A 調査）。もう一つは島泊在住の高齢者へのインタビュー、質的調査（B 調査）である。これらは、島泊集落住民の地域福祉ニーズや生活上の課題等についての実態を把握することをねらったものである。

　さらに、もう一つ、これらの結果を報告書にまとめ、これらを集落の全世帯に配布の上で、1 ヶ月後くらいに再び報告書を読んだ感想等についてアンケート調査（C 調査）を行った。これは、こうした質的、量的データを住民が理解することで、課題の共有、意識上の変化があるかどうかを知るためのものである。

3）地域福祉に関するアンケート調査（A 調査）

　アンケートの内容は、集落の生活環境について、健康や介護、買い物や交通の利便性、心配ごとややってほしいこと、交流の範囲や定住意識など幅広い内容であるが、全体で 38 問で構成されている。調査期間は、2013（平成 25）年 6 月 15 日と 16 日の 2 日間であるが、事前説明会の折に調査票を配布している人もおり、15 日と 16 日は面接法によってその場で調査を行ったケースと、あらかじめ調査票に記入していただいていたものを回収したケースが含まれる。20 歳以上の方を対象としたが、全体のサンプル数は 119 名のうち 2 名は非該当であったので、117 名が総サンプルになる。そのうち 65 名から有効回答を得る

14　これは後に説明する 2014 年 11 月に島泊集落を訪問した際に集落住民から収集した情報である。

ことができた。回収率は、55.6%である。以下よりはおもな調査結果について
報告する。

　なお調査AとBでは、鹿児島国際大学学生と大学院生が面接にあたった。

写真 3-1　住民と談笑する学生

①年齢、性別、家族形態、職業

　回答者の平均年齢は、男性 31 名 69.4 歳、女性 33 名 72.6 歳である。全体平均
71.1 歳であった。最年少 29 歳、最高齢 91 歳である。回答者の年齢層は、若年
層（20 〜 39 歳）1.6%、中年層（40 〜 64 歳）31.3%、前期高齢者（65 〜 74 歳）
15.6%、後期高齢者（75 歳以上）51.6%である。高齢者の割合は、67.2%であ
る。島泊集落の全体の高齢化率 62.8（2007 年）よりも高い割合と言える。

　家族形態は、一人暮らしが 15.4%（10 名）、夫婦のみが 50.8%（33 名）、夫婦
と子どもが 12.3%（8 名）、三世代家族 4.6%（3 名）、その他 16.9%（11 名）と
なっており、半数は夫婦世帯であった。

　現在の仕事では「無職」が 6 割を超える。ことに前期高齢者は 70.0%、後期
高齢者は 84.8%である。

　過去の仕事を聞いた質問では、後期高齢者では、農林漁業が半数近くあるが、
前期高齢者では、むしろ販売労務職が多く、農林漁業は少ない。そして中年層
になると再び農林漁業が多くなっている。

②集落に住んで何年かと定住意識

　集落に住んで何年かを聞いた質問では、31 年以上とする者が全体で 82.5%で
ある。女性の方が少し短い傾向があるが、女性の場合、嫁いできたなどの事情
があるのかもしれない。

　定住意識は全体で59.0%は「ぜひいつまでも住みたい」、29.5%は「なるべく住んでいたい」と答えているが、性別では女性の方がやや定住意識は低い傾向にある。「できれば移りたい」「ぜひ移りたい」と答えた人は5名いるが、すべて女性であった。年齢でみると高齢者ほど定住意識は高いようである。

③外出頻度

　外出頻度は「ほぼ毎日」が15.4%、「週3〜4日程度」が20.0%、「週1〜2日程度」が29.2%、「1ヶ月1〜3回」が20.0%、「ほとんどしない」が12.3%となっている。「ほぼ毎日」は女性より男性に多い。外出頻度は、男性より女性の方が少なく、また一人暮らし高齢者ほど少なくなっている。交通の利便性の悪いところから、自分で車を運転する男性高齢者の方が、外出頻度が高いのだと予想できる。

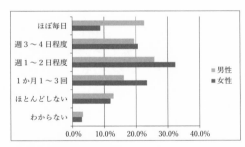

図3-2　性別と外出頻度

④医療と介護

　「医療機関にかかっているか」では、全体で7割を超える人が通院していると答えており、高齢者層（65歳以上）の85.4%は通院していると答えている。

　「介護が必要になった場合、どこで介護を受けたいか」では、一番多いのは、33.9%で「現在の自宅」である。ただ他の調査等と比べると「現在の自宅」が3割代というのは低い気もする。現在の環境の中で在宅ケアをめざすのは無理と判断している人が多いのかもしれない。

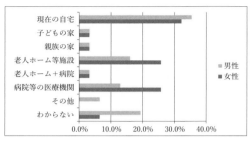

図 3-3　介護が必要になった場合、どこで介護を受け
　　　　たいか

⑤集落の環境評価

　集落の評価項目を示し、「よい」「どちらとも言えない」「悪い」の3件法で評
価してもらった。つまり3に近いほど評価が低く、1に近いほど評価が高い。
全体的に見て、よい評価の項目は、「緑や自然環境」が最も良い評価であり、つ
いで「街灯」「地域住民の人情や連帯感」「公民館・集会所」となっている。悪
い評価としては「体の不自由な人が生活する環境」「働く環境」「道路や交通の
便」「買い物などの便」「病院や診療所の利用や整備」となっている。

表 3-1　集落の環境評価

	度数	平均値
子育て環境	44	2.25
体の不自由な人が生活する環境	54	2.63
働く環境	54	2.63
緑や自然環境	58	1.29
街灯	57	1.42
公民館・集会所	56	1.46
健康づくりや憩いの場所	53	1.85
ゴミの処理のしやすさ	56	1.95
病院や診療所の利用や整備	57	2.33
防災対策	56	1.95
買い物などの便	57	2.39
福祉の施設やサービス	35	2.14
道路や交通の便	53	2.42
安全や治安の状態	56	1.55
地域住民の人情や連帯感	55	1.44
この地域の全体的住み心地	57	1.63

⑥日常生活の心配ごと

　全体を見ると「収入が少ない」が全体の 43.8％と最も多い。次いで「健康面がすぐれなかったり、病気がちである」21.9％、「最後を一人で迎えるのではないかという不安」20.3％の順である。また「外出時の転倒不安」17.2％、「家が老朽化している」「家事が大変である」なども 15.6％と比較的多い。

表 3-2　日常生活の心配ごと

心配ごと	度数	％
健康がすぐれなかったり、病気がちである	14	21.9
介護を必要としている	7	10.9
頼れる人がいなく一人きりである	3	4.7
収入が少ない	28	43.8
家事が大変である	10	15.6
外出時の転倒や事故	11	17.2
財産や墓の管理	4	6.3
金銭管理が苦手である	3	4.7
人との付き合いがうまくいかない	2	3.1
子どもや孫のこと	9	14.1
子育て	0	0.0
社会の仕組みがわかりにくい	7	10.9
悪質な訪問販売や投資犯罪に巻き込まれた、巻き込まれている	4	6.3
家が老朽化している	10	15.6
最期を一人で迎えるのではないか不安	13	20.3
その他	6	9.4
合計	52	81.3
総数	64	100.0

⑦日常生活の要望

　日常生活の要望は「要望なし」は 59.4％であり、4 割程度の人は「やってほしいこと」をあげている。その中で最も多かったのが、「大掃除」で 12.5％、「ちょっとした家の補修」10.9％、あとは 10％に満たないが、「台風時の戸締まり」9.4％、「廃品の回収」9.4％、「ご近所からの声かけ」も 9.4％となっている。性別でみると、男性は「ご近所からの声掛け」が 12.9％で女性の倍あるが、そのほか「買い物支援」「布団干し」といった家事面で手伝ってほしいことが多

い。それに対し、女性は「台風時の戸締り」「大掃除」「ゴミ出しの手伝い」といった力仕事、あるいは日曜大工的なことを必要としているようだ。

4）質的高齢者インタビュー（B調査）

インタビューは島泊に在住の高齢者のうち7名からお話を聞いた。実施時期は2013（平成25）年6月15〜16日である。あらかじめインタビューガイド[15]をつくり、お話を聞き、それらを録音し、逐語録を作成した。個別に逐語録を作成したが、公開をご了解いただいた1名分だけを公開した。これと別に7名分のインタビューをまとめて分析をして、要点を示した。

〈高齢者の語りの要点〉

高齢者の語りの中には、量的調査の集落評価や生活上の不安を言葉として語っているものも多く見られる。

①子どものころ、昔の集落

海の思い出

「海水浴の思い出」「海岸で鯖干し、今はとれなくなった」「カワニナやエビをとって塩を入れて食べた」「主食はサツマイモと魚」

運動会、綱引きなど楽しかった

「綱引きを済ませたあとの大相撲、子どもはお菓子をもらっていた。今は全然しなくなったが」「運動会は海岸で、裸足でやった。青年団や婦人会が海岸をきれいにして場所を作った」「十五夜で綱引きを—それから相撲取り」

楽しいことはあんまりなかった

「子どもの頃は楽しいことはなかった。家の手伝いに一生懸命だった」「勉強どころではなかった」「あまり楽しい思い出は、なかった」

戦争のこと

15　インタビューガイドでは以下の項目をきいた。
　　①子どもの頃の集落のようすや楽しかった思い出
　　②学校の思い出、家族の思い出
　　③家事や仕事をしていた頃の思い出
　　④今の生きがい
　　⑤今の生活での心配ごと
　　⑥これからの集落や地域に期待すること—こんな地域であってほしいなど—
　　⑦その他

「戦争で生まれ育った集落で生活できなかった」「兵隊さんも来て、恐ろしいことばっかりだった」「戦争がすんでからも大変だった」
<u>その他</u>
「子どもの頃、メジロとりが楽しみだった」「夕方になれば、集まり、話をした。楽しかった」
②貧しさ
「当時はみんな貧乏、決していい生活ではなかったが、魚がとれた。鯖干しを作った」「学校の思い出はあまりない。家庭が苦しかったから家の手伝いだった」「貧しさで学校には行けなかった」「兄弟が多く、貧しかった。学校にも貧しさのために十分行けなかった思いがある」「小中学は出たが、家が貧しく、高校にはいけなかった」「弟や妹などみんないて、朝早くから、相当苦労した」「若い人生はなかった」
③仕事
「仕事は楽しかった」「建設業でいいお金をとっていた」「建設会社で20年働いた。若かったから楽しかった」「出稼ぎで大工の仕事、田舎では仕事がないし」「友達に誘われて、出稼ぎ」「学校を出てからは護岸工事の仕事をしていた」「炭焼きを20年くらいやった」「女中奉公にいった。その後農家にお嫁に行った」「長男に嫁いでとても苦労した」「今は年金暮らし、若い頃はバスの運転手をしていた。交通局に勤めていて、定年になってここに帰ってきた」「仕事につく前に自衛隊に入隊した。自衛隊でたくさんの資格をとった」
④昔と今―子どもがいなくなった
「当時は子どもが多かったが今は少なくなった」「集落には昔は300人もいたが、現在は111人」「子どもも高校を卒業すると、出て行って帰ってこないから、人口は減る一方」「昔は200人もいたが、今は学校もないし、子どももいない」「子どもの声の聞けないのは寂しい」「中学生2人だけ」「妊婦さんも見ない」「昔は騒がしかったが、今は何も聞こえない。5時過ぎたら寂しい」
⑤生きがいや楽しみ―健康・サロンは楽しみ
「生きがいは健康を第一にしている」「体育館では60歳から70歳の人が月に1回お茶会をしている。月に2、3回くらいおもしろいことをしている。よその人が来て、三味線や太鼓で賑やかだった。私たちは歩けないから見に行けな

かった。今はゲートボールくらいしかすることがない」「サロンをするのが楽しみ」「病気をしないようにサロンなどに行ってわいわいするのが楽しいが、生きがいというほどのものはない」「今の生きがいは、仕事もできんからな。仕事ができるなら野菜作ったりしたい。畑があるから」「生きがいはゴルフ」「子ども、孫と会うのが楽しみ」

⑥地域での活動

　「グラウンドゴルフをやる、老人会の会長で人集めに苦労した。花壇づくりは、岬マラソンの手伝いなどで、役場から協力依頼がある。なかなか役員のなり手がいない」「自治会長や老人会長を経験した」「交流は旧小学校の前の木の下で」「ゲートボールの審判の免許もとった」「よそからの交流会もいい」

⑦不安―病気や寝たきりになったとき

　「集落の多くの人はデイサービスを利用している。でも寝たきりになったら入れないし、入浴サービスはなかったかな」「買い物や病院が心配。病院が佐多の診療所だけになったし、急性の場合は鹿屋市になる」「ドクターヘリが体育館前に降りる。まとまった集落で隣近所に目が届く。山間部の散らばった集落なんかは心配もある」「特養まで車で10分。でも寝たきりにならないと入れない。民間のものもあるけど年金では入れない。介護保険はあるけど利用していない」「お金は少し足りないが、誰か面倒を見てとはいえないけど病気になったら女房を買い物に連れて行けない」「心配は病気」「もしも病気になったらどうしようかと考える。奥さんの足が悪いし」

⑧希望―若い人がいれば、若い人の視点で

　「若者はやっぱりいた方がいい」「年寄りが多いから、でも仕事がないと生活できない。若者がいれば子どもも生まれる」「調査をさせていただいている学生たちに望んでいること→外からの目で情報提供してほしい。地域にいたら地域のことがわからなくなる」「今後この地域に期待すること―若い者が帰ってくるような魅力。そういう南大隅町になってほしい」「介護施設をつくってもらいたい」

⑨今の生活―ピンピンコロリがいいけれど／交際費にもお金がかかる

　「あんまり人には迷惑をかけんようにしたい」「ピンピンコロリがいいけど、誰にも迷惑をかけないで逝くのは難しい。医者は焼酎をやめろというが楽しみがない」「訪問販売が来る。また電話の勧誘もある。それらをいりませんと断っ

ている」「年金生活―食べることには不自由なし（菜園、畑がある）」「年金だけ
ど、食べるだけなら、そんなにかからない。交際費にお金がかかる」「食費は自
分で作ったりもらったりするからあまりかからない」「外食はあまりしない。早
く帰って自宅で食べた方がいい」「期待しても難しいだろうし、今までどおりで
いい」「暗い話ばかりでなく明るい話題のある集落にしていきたい」

⑩交通の便―車が運転できないと…

　「行きはスクールバスに乗れるけど、帰りがない」「バスは1日4便程度」「車
の運転のできない人は、病院にいくのも人にお願いしている。診療所に医師が
来るときはバスを出してもらえるといい。自分のふるさとだからここが一番い
いと思っている」「足が使えない人はバスか身内の車になる」「車にいつまで乗
れるかとも思う」「自分も車に乗って買い物にいく」「バスの時間帯が悪くて、
うまく利用できていない」「食材を手近に買えればいいが、車を運転できないと
何もできない」

⑪今の集落

　「空き家も多い」「移動販売車も週2回来るけど」「移動販売車はいろいろ売っ
ているが自分は一度も利用したことはない」「お店は2軒あるけど、おかずにな
るようなものはない」「ちょっと大きな病院というと鹿屋市になる」「顔をつき
あわせて話ができる。ちょっと歩くとほとんど会う、出歩きのできる人は。声
かけもやっている。班長で自分が配りものをしている。ここの集落は密集して
いるから」「ここにお墓がある。みんな毎日お墓にいくから」「男が亡くなって、
女が残る」

⑫ 10 年後の島泊―集落の限界点

　「10年たったら、人がいなくなるのではないか」「10年後の島泊は不安でいっ
ぱい」「集落に住む人のお互いがうまくいってくれればいい。この先10年でど
うなるのかは心配」

⑬家族への思い

　「奥さんと仲良くやっている」「奥さんと結婚しようと思ったのは働き者だっ
たから」「妻も足が悪い」「子どもも遠くにいるから、鹿児島にいてほしいけど」
「3人の子ども2人は遠方だが、1人は鹿児島にいる」

⑭友達のこと

「友達の世話をしている」「入院しているお友達の見舞いをした。励ました」「一人暮らしの友人の最期、声かけをすればよかった」

　インタビューからわかることとして、集落が海岸線にそって立ち並んでいることから海や海岸を中心にしながら行事が進んでいたということ、鯖節を作っていたことは町誌にも出てくる。しかし子どもの頃の思い出には貧しさがあり、楽しさだけのものではなかったという点、そこから上の学校にも行けず、また集落内に仕事がなく、早々に出稼ぎ等の仕事に就き、家族を支えていかねばならなかった時代が見える。そこに戦争（第2次世界大戦）での苦労が影を落とす。一度は外で仕事をし、その後集落に戻ってきた人も多いようだ。今と昔の違いで子どもがほとんどいなくなったことをあげる人が多い。子どもは集落の未来を暗示しているようにもみえる。将来の不安として病気になったり、寝たきりになることの懸念は高齢者に共通のものであろうが、交通の便や公共施設の少なさ、生活インフラの不足から、特にこの不安は大きくなっている。空き家が増えると集落の元気がなくなると言ったのは地域の民生委員の方だったが、10年後の集落を心配する声は大きい。まさに限界点にある集落であるのかもしれない。集落の方は顔と顔とをつきあわせる親密な関係であり、隣近所の助け合いはまだ生きているようだ。

　これらの語りは、多くが量的調査の結果を裏付けていた。

5）報告書作成後のアンケート調査（C調査）―報告書の意味
①調査概要

　島泊調査終了後、南大隅町民を対象にした報告会（2013年11月19日）や講演会（2014年2月15日）の中で、量的な調査の結果については報告を行った。調査結果について報告を聞いた島泊住民もいた。島泊集落全体に対しては2014（平成26）年3月末に、全世帯に対して島泊地域福祉調査の報告書（量的調査結果とインタビュー調査の内容を掲載）をお配りした。そして、同年5月に、報告書を見てどのように感じたかなどの郵送調査を実施した。

　島泊の住民の方に、島泊地域福祉調査の報告書をお配りし、それについての住民アンケートを行った。119名の方が対象であるが、有効回答は25件であり、

回収率は 21.0%である。

②調査結果―単純集計

　25 名の方のうち 5 名は不明であるが、残りの 20 名の 70.0%は 65 歳以上の高齢者であった。65 歳未満が 30.0%である。2013 年の調査Aに回答された方は、21 名中 17 名（81.0%）である。調査Aの回収率が 55.6%であったので、今回の調査回答を寄せていただいた方は、やはり、調査に参加された方が多いということになる。今回の調査参加の動機付けに昨年の調査がなっているのだろうと思う。

　報告書を読んだ人は、21 名中 81.0%である。「報告書について他の住民と話したか」では、21 名中「話した」という人が 66.7%となっている。報告書が「地域を見直すきっかけになりましたか」ときいたところでは、回答 19 名の方のうち、63.2%の方が「なった」と答えている。「これからの集落について考えるようになりましたか」という問いでは、回答 19 名のうち、68.4%は「なった」と答えている。その他ご意見をという問いでは、「島泊集落もなくなっていくような気がしました」という回答が 1 名あった。

③調査対象となった人とそうでない人の違い―クロス集計

　調査に参加された方の場合は、94.1%は報告書をお読みになっているが、参加されていない方では、1 名（25.0%）に過ぎなかった。報告書を読んだ方のうち、82.4%の方は、報告書について他の人と話したと答えている。報告書を読んだ方のうち、70.6%の方は「地域を見直すきっかけになった」と答えている。また 76.5%の方は、「これからの集落について考えるようになった」と答えている。アンケートに参加された方で報告書について他の住民と話された方は 76.5%、参加していない方は 1 名、25.0%である。この 1 名は、報告書を読まれた方であろう。参加された方で地域を見直す結果になった方は 68.8%である。これからの集落について考えるようになったという方は、75.0%である。

表3-3　調査対象となった人とそうでない人の報告書への関心

| | | | アンケート調査に参加されましたか。 | | |
			参加した	参加していない	合計
報告書はお読みになりましたか。	読んだ	度数	16	1	17
		%	94.1%	25.0%	81.0%
	読んでいない	度数	1	3	4
		%	5.9%	75.0%	19.0%
報告書について他の住民の方とお話になりましたか。	話した	度数	13	1	14
		%	76.5%	25.0%	66.7%
	話していない	度数	4	3	7
		%	23.5%	75.0%	33.3%
地域を見直すきっかけになりましたか。	なった	度数	11	1	12
		%	68.8%	33.3%	63.2%
	なっていない	度数	5	2	7
		%	31.3%	66.7%	36.8%
これからの集落について考えるようになりましたか。	なった	度数	12	1	13
		%	75.0%	33.3%	68.4%
	なっていない	度数	4	2	6
		%	25.0%	66.7%	31.6%

④C調査総括

　全体的に調査活動への参加が調査報告書を読むことにつながっていること、調査報告書を読むことが、地域を見直すきっかけとして機能していることを感じさせるものがあったが、調査への参加の促し、また地域を見直したことがどのような実践を結びつけられるかについては、未知数である。

　今後は、調査活動が地域問題の共有化と見直しを促進し、それらが一定の地域福祉等についての事業や活動に結びついていく過程を実践的に研究することができればと考えた。

（4）その後のヒアリング

　2014年11月ふたたび島泊地域を訪れ、住民1名から聞き取りを行った。その中で2軒あったお店のうち1軒が減り、買い物等への不安が増したが、その後移動販売車が毎週金曜日にくることになった（増えた）など、買い物についてはある程度まかなえる状態になったとのことであった。ただ認知症高齢者の

中には訪問販売や電話販売でものを買ってしまう方がおり、それが心配である点、近隣の方が病気で倒れたり、入院、入所されると、まわりにいる高齢者も元気がなくなる点を懸念されていた。集落行事は、縮小しながらも継続的に行っているが、いつまで続けられるかという将来に対する不安は口にされた。町が進めている三つの地域福祉推進事業についてのご意見も聞いた。

1）ふれあいサロンと介護予防事業

　もともと地域の自主活動として社会福祉協議会（社協）などが後押しして進められた「ふれあいいきいきサロン」は、全国的に推進されている事業で、月に1、2回、公民館等に高齢者や障害者が集い、話し合いの機会をもったり、ゲーム等を行ったりする活動である。現在、介護予防の視点から補助を受けながら進めているところも少なくない。しかし、介護予防として実施するかぎり、リハビリや機能維持・回復というコンセプトが含まれ、かえってやりにくくなったという声も聞く。ここでも高齢者には少々きつい体操等のプログラムが参加している人たちには負担になってきているという話をきいた。

2）「寄ろっ住も家」事業の今後

　「寄ろっ住も家」事業とは、仲間が集い食事を一緒にしたり、宿泊したりと修学旅行気分で楽しむことによって、高齢者の方々の孤独感や不安を軽減しようとする南大隅町独自の事業であり、NHK放送にも取りあげられた。しかしここでも、役場がお膳立てをして、食生活改善委員や社協が関わってやるのがいいのか疑問であるとか、住民の自主的活動として長続きするか心配という声もあった。2、3人くらいの仲のいい人たちが家を泊まり合うくらいのイメージであり、災害時に集まるなら必然性もあるが[16]、食べさせて、話をしてというのは、趣旨が違うのではないかという声も聞かれた。

3）有償ボランティア事業

　以前より鹿児島県と鹿児島県社会福祉協議会によって強力に推し進められている事業であるが、これについてもボランティアとしての社会資源の開発にもつながっていないし、有償性という中で要望等の掘り起こしも十分には行われ

16　薩摩川内市の甑島で聴いた話で、台風で被害を受け、避難をする人も多かったが避難してみんなと話したのが楽しかったという話が高齢者からあった。ホテルに避難したところでカラオケしたかったという話もあった。たとえば避難訓練をこうした視点から行うというのは可能性があるか。

ていないということのようだった。

　こうした南大隅町が推進する地域福祉事業についても一定のところでの評価が体系的に進められるべきだろう。

（5）調査活動とコミュニティワーク

　通常調査活動はデータ収集の方法として行われる。しかし、地域援助の手法としても、地域住民のニーズ把握のための方法として用いられる。ただコミュニティワークの分野では、しばしば、ソーシャルアクションとしての調査の意義について語られる。

　例えばイギリスの地域開発プロジェクト（CDP）では、こうした調査の側面が、コミュニティワークと結び付いて機能している。この点を、リース（Lees, R.）は次のように述べている。

　地域開発プロジェクト（Community Development Project）プログラムは1969年に開始された。このプログラムは、関係する全ての社会福祉機関の密接な協力に、地方住民自身の前向きな姿勢と努力を合わせることで、地方コミュニティの住民が経験している社会ニーズがどの程度、より良好に理解することができ、解決できるかについて解明しようとするものである。それぞれのローカルプロジェクトの基本的な特徴は、アクション、リサーチ、評価を組み合わせようとしていることである（Lees 1975: 155-156）。

　そして、コミュニティワークとリサーチ機能の間には大きな重なりが必要であり、地域ニーズの評価において、定量的な指標を設定することと同時に、地域住民自身が自らの地域で何が必要であると認識しているかを評価することであるという。その場合に、複雑なデータや高度な解釈は、コミュニティワーカーがアクションを決めるのに必ずしも役立つものにはならない。地方住民が何らかの集合的アクションをとれるよう感化するため、モチベーションを高めようとする一つの方法は、地域住民グループに、データ収集プロセスに参加することを奨励することであると述べている。（Lees 1975: 157）

　最後にコミュニティプロジェクトのフレームの4要素の一つに、アクションリサーチをあげ、コミュニティワークでのリサーチは、特定の活動のアセスメント以上のものをもたらし、定量化可能なデータや姿勢、プロセスに関して

リサーチで得られた知見は、地域にフィードバックさせることが可能で、直面する懸念に直接に寄与することができる。アクションリサーチは地域での継続しているプロセスの一部として、リサーチとアクションの間に効果的な相互影響関係を達成するための努力を示すものとなろう（Lees 1975: 161）と締めくくっている。

　調査活動を地域づくりの視点から見直し、そのためには、ソーシャルアクションとしての視点をより強調する必要があるだろう。

３．準備研究２—滑川校区調査研究

　１年目の準備研究は、旧佐多町の島泊地区を対象にした調査研究であった。２年目の準備研究では、旧根占町の滑川校区を対象にした。滑川校区は、当時20自治会、世帯数441世帯、高齢化率47.3％の校区であり、主に農業を主産業としている地域である。ここでの研究は、次の二つの調査にもとづく。

①滑川校区住民アンケート調査および高齢者インタビュー調査（2014年6月）

　留め置き法による住民（20歳以上）889名に対するアンケート調査および学生による高齢者インタビュー（7名）を実施した。また報告書についての住民調査を実施している点でも島泊調査と類似している。

②報告会＋ワークショップ（2014年10月）

　2014（平成26）年10月26日、南大隅町滑川校区において行った調査の中間報告及び、住民に対するワークショップを滑川の施設、横ビュー高原ふれあい館において行った。アンケートと高齢者インタビューは、島泊地区で行ったものに近い形で行われているが、ワークショップに関しては今回新たに導入したものである。ここでは、ワークショップに焦点をおいた報告を行う。

（1）基礎調査から中間報告、そしてワークショップ

　調査研究 [17] としては、2014（平成 26）年 6 月、南大隅町滑川小学校区の住民を対象に、地域福祉推進に関する高齢者インタビューと留め置き法による住民（20 歳以上）アンケート調査を行った。滑川校区の調査対象（20 歳以上の住民）は 889 人であるが、回答の有効票は 624 人、回収率は 70.2%であった。

　その後、2014 年 10 月に学生 2 名とともに調査結果の中間報告と課題と新しい住民参加型の事業を考えるワークショップを以下の方法で行った。参加者数は 19 名（うち 2 名は学生）、参加者は 4 グループに分かれて活動した。手順としては、以下のスケジュール表に沿って行った。

表 3-4　滑川校区ワークショップの手順

滑川校区地域福祉調査報告会とワークショップ

1．滑川校区地域福祉調査報告会（14 時〜 14 時 50 分）
　1）調査結果の報告「滑川地区の特徴と課題」（学生と高橋）
　2）個別面接の感想（訪問面接調査に参加した学生と社会人）
〈休憩 10 分〉
2．地域での自主的活動創造のワークショップ（15 時〜 16 時 40 分）
　グループ（4、5 人）毎に、新しい事業等の提案を行う。
〈考える項目〉
　1）事業名
　2）背景と目的
　3）実施主体
　4）利用者
　5）事業内容
　6）事業財源
　7）協力者・協力団体
　8）事業に先立って行うアセスメント（事前調査）のしかた
　9）事業後の効果測定のしかた（達成基準や効果指標など）
　模造紙に事業の具体的なイメージを書いてみる。
3．提案した事業等の報告・評価─具体的に実施できるものはないか。(16 時 40 分〜 17 時)
4．終了　17 時

　実態調査結果の報告や日頃考えていることをもとにして、地域内で新たな事

17　南大隅町の委託研究および地総研のプロジェクト研究として実施。

業を具体的に考えるというワークショップである。その結果全体で四つの事業企画「サロン宅配便」「Ⅰターン、Uターン移住者大作戦」「横ビューお助け隊（有償ボランティアの周知と活用）」「後期高齢者シェアハウス」ができあがった。

（グループ1）　5名

表 3-5　事業名　「サロン宅配便」

背景と目的	親もしくは親戚の介護をしている人の昼間の負担を軽くするサービス
実施主体	町、社協、サロン利用者、ボランティア
利用者	介護認定を受けていない人あるいは受けるまでない人、サロンに自力で行く元気のない人
事業内容	利用者宅に出かけて、利用者がしたいこと（カスタマイズ） ボランティアがしてあげたいことをする。お隣近所にも有線で声かけする （例）カラオケ、踊り、手芸、お茶のみ、おしゃべり、弁当持参のお昼（子、孫の参加も有り）
事業財源	町、社協、ごく少額の利用料（100 ～ 200 円）
協力者・協力団体	びわ茶（○○農場）

写真 3-2　ワークショップの様子（グループ1）

（グループ2）　4名

表 3-6　事業名　「Iターン・Uターン者移住大作戦」

背景と目的	①住民増加・企業誘致（個人事業主） ②住みやすい環境づくり ③空き家対策
実施主体	町、住民
事業内容	・空き家修繕（住む人にまかせる） ・花を植える　・バスを運営する　・流しのバス（ヒッチハイク式） ・野菜等の直営販売

写真 3-3　ワークショップの様子（グループ2）

（グループ3）　5名

表 3-7　事業名　「横ビューおたすけ隊（有償ボランティアの周知と活用）」

背景と目的	アンケート結果から有償ボランティアが活用されていない。有効活用！
実施主体	町、社協
利用者	高齢者
事業内容	①社協と公民館共催で説明会実施 ②老人クラブ、サロンをホームページで紹介 ③おためしキャンペーン ④登録会員の募集
事業財源	100万円（町の予算）
協力者・協力団体	校区公民館　自治会　（民生委員、福祉アドバイザー）

写真 3-4　ワークショップの様子（グループ3）

（グループ4）　5名

表 3-8　事業名　「後期高齢者シェアハウス」

背景と目的	後期高齢者が多く、定住意識が強い方々の問題点解決や不安解消
利用者	一人暮らしの方や交通手段がない方
事業内容	シェアハウス及び訪問サービス、管理人の設置
事業財源	国からの財源　本人からの支出
協力者・協力団体	定期的な専門家の協力・通院するのを国からの補助で送迎サービス

写真 3-5　ワークショップの様子（グループ4）

（2）報告書の作成から報告書についての住民アンケート、そして振り返りアンケート

　2015 年 3 月末に「南大隅町滑川校区地域福祉推進調査結果報告書」として、報告書を完成させた。内容は調査を通しての滑川校区の特徴と課題を述べたものに、自治会別の調査結果を加えたものである。この報告書は滑川校区全世帯に配布し、その中に報告書の感想や評価等についての振り返りアンケートを同封した。そして 5 月にこのアンケートを回収した。

　報告書の振り返りアンケートでは、「報告書について、地域のほかの住民の方とお話しになりましたか」という問いに対して 32.4%（83 名）の方は「話した」と答えている。「報告書は、地域や集落を見直すきっかけになったでしょうか」では 69.4%（170 名）が「なった」と答えている。また「報告書を読んでこれからの集落について考えるようになりましたか」の問いでは 74.6%（182 名）は「なった」と答えている。アンケート調査は一定の評価をしていただいたが、中には「分析が足りない」や「未完成でお金の無駄」など厳しい意見も含まれていた。

（3）再び振り返り調査の内容報告とワークショップ
1）2015 年ワークショップの手順
　2015 年 11 月には、ふたたび、これまでの調査結果の総括的な報告とワークショップを実施し、24 名の住民（6 グループ）に参加していただいた。ワークショップの手順については以下の通りである。
　今回のワークショップは、地域課題からある種の事業を考えていくところは 2014 年ワークショップと同様であるが、そのプロセスにおいていくつか工夫をした。
　まず、付箋を使って地域課題をいくつか示す。それらに優先順位をつけ、優先順位の高いものに対して対応策を考えていく。地域課題と対応策が 1 対 1 の関係になる場合もあれば、そうでない場合もある。
　いくつかの対応策が必要なものもあれば、一つの対応策が複数の地域課題解決に効果的な場合もあろう。
　また例示として買い物ができないという地域課題に対して、「買い物バス」の運用という対応策を提示している。これは、鹿屋市社会福祉協議会と社会福祉法人との連携事業として、実際に進められているものである。この事業は買い物弱者対策と同時に社会福祉法人の地域貢献というさまざまなニーズを満たしている。

表3-9　2015年滑川校区ワークショップスケジュール

2015年　滑川校区ワークショップ

ワークショップ（参加者を5〜6名くらいのグループに分ける）

1．課題抽出のヒントとなるデータの報告　30分―高橋
①滑川校区調査データ
②報告書の感想に盛り込まれていた課題
※参加者から出た課題も加える

2．課題抽出と優先順位の選別（特定課題を決めていく）20分―付箋を使い、模造紙に貼りつける。

> 地域課題1
> 地域課題2
> 地域課題3

3．前回ワークショップで提示されたアイデア例　10分
休憩（10分）

4．優先順位の高い課題に対して対応策―事業等を具体的に考えていく　1時間
※解決策や事業を考える時には、一致するグループに入り直してもいい

> 地域課題1 → 解決策1
> 地域課題2 → 解決策2
> 地域課題3 → 解決策3

※課題と解決が1対1の場合もあるし、3対1の場合もあろう。

> 地域課題4
> 地域課題5 → 解決策4
> 地域課題6

（例示）

地域課題		解決策
近くにお店がなくなり、買い物できない	→	
お店に行くまでの交通機関がない	→	買い物支援バスを運用する
停留所が遠くて路線バスを利用できない	→	

↓

買い物支援バス事業について具体的に考えてみます。

プレゼン用に模造紙には以下のようなことを記入する。

1. 事業名	事業内容（具体的に）
2. 目的	
3. 実施主体	
4. 利用者	
5. 事業内容	
6. 事業財源	
7. 協力者・協力団体	
8. 事前準備	
9. 事業評価のしかた	

「【鹿児島県】高齢者、障害者の買い物支援　鹿屋・高隈地区で無料バス運行」
南日本新聞 2015 年 10 月 15 日（木）※記事略

5. 事業説明　20 分
各グループによるプレゼンテーション

写真 3-6　2015 年ワークショップの様子

写真 3-7　課題と対応策を書いているところ

2）2015 年ワークショップでの六つの事業企画

そして最終的に六つの事業企画（「集合住宅移住計画」「集まろう会」「声かけ隊」「高齢者用サロン」「なんでも屋」「横ビュー環境整備隊」）をつくりあげた。

写真 3-8　事業企画の発表

表 3-10　事業企画案の報告　事業名　「集合住宅への移住計画」

目的	一人暮らしの人のコミュニケーションがとれる環境整備
実施主体	町、社協、利用者
利用者	一人暮らしの人
事業内容	一人暮らしの人を対象に集合住宅への移住を行ない、よりコミュニケーションの取れる環境を作る
事業財源	町、社協、利用者
協力者・団体	利用者、自治会
事前準備	小学校、中学校の再利用
事業の評価方法	満足度評価

表 3-11　事業企画案の報告　事業名　「集まろう会」

目的	一堂に会すること
実施主体	地域、集落、社協、役所、その他
利用者	高齢者等
事業内容	学び、楽しみ、遊び、食事会
事業財源	各自負担、行政からの助成等
協力者・団体	自治会、社協、知恵者、行政、家族
事前準備	会場の準備、日程表、日割等
事業の評価方法	協力者が積極的呼びかけることにより参加者が増加する
その他	参加により喜び楽しみ感動を得る。参加回数が多くなる（最終目的）

表 3-12　事業企画案の報告　事業名　「声かけ隊」

目的	一人暮らしの問題点や不安解消
実施主体	自治会、社協、町
利用者	高齢者及び一人暮らしの人
事業内容	隊員募集。利用者がやりたいこと・したいことを知る

事業財源	
協力者・団体	自治会、社協、町
事前準備	
事業の評価方法	

表 3-13　事業企画案の報告　事業名　「高齢者用サロン」

目的	高齢者の増加。一人暮らしが多く会話の機会が少ないのでふれあいの場をつくる
実施主体	自治会、町
利用者	高齢者
事業内容	・高齢者を公民館に集めてお茶を飲んだり、ゲーム、歌、踊りをする ・ボランティアによるお茶等の提供
事業財源	町補助、利用料（一人 200 ～ 300 円）
協力者・団体	
事前準備	
事業の評価方法	

表 3-14　事業企画案の報告　事業名　「なんでも屋」

目的	地域の方々の困り事の手助け
実施主体	上・中・下地区、校区
利用者	困っている人全体
事業内容	買い物、病院送迎、服薬管理、家の修理、掃除、枝おろし等々
事業財源	ごく少額の利用料
協力者・団体	町役場、社協
事前準備	
事業の評価方法	

表 3-15　事業企画案の報告　事業名　「横ビュー環境整備隊」

目的	校区内の自治会活動（草払い等）が困難な所への援助（有償）
実施主体	
利用者	滑川校区の住民（自治会）
事業内容	道路の草払い、枝打ち
事業財源	自治会、町
協力者・団体	南大隅町、校区公民館、環境整備隊（有志）
事前準備	早期による整備隊の立上げ。協力団体との打ち合わせ
事業の評価方法	利用自治会に意見聴収

4）ワークショップからのアイデアと住民の交流

　今回のプログラムは、次年度策定予定の南大隅町地域福祉計画にとってもヒントになるものとなったと思う。地域福祉の中の「地域組織化」の側面、住民が主体となって地域の在り方や課題を考え、具体的な活動や事業案を試験的に検討するプログラムは、地域福祉の住民参加にとって必要不可欠な過程と言える。

　今後、コーディネーター役の住民（町内会役員）は、滑川校区では前回出た四つのアイデアと今回の六つのアイデア、あわせて 10 のアイデアを具体的に住民に提示して、これらのどれを実際に実行していくかなどの選択をしていきたいと述べていた。

　今回のワークショップは、前回とはメンバーもだいぶ異なっており、以前筆者が視察でインタビューを行った福祉施設の管理者が参加していたり、また周りの住民のなかでも、あまり関わりのなかった高齢者の方が参加していたりと、いつもの顔ぶれというのではない多様な人たちの参加を得ることができた。

　こうしたワークショップを繰り返すと、メンバーが固定化してしまうなどの弊害もあるが、繰り返し行うことで逆に多様なメンバーを取り込めた。25 名の参加が多いか、少ないかは意見のわかれるところかもしれないが、こちらの想定していたプログラムの規模等からは、想定通りというところであった。高齢者を多く含む住民が、こうしたプログラムに真摯に向き合う姿は、この地域住民の人柄の良さと力量を感じるところでもあった。また調査報告をベースにして、課題を抽出し、事業企画をつくる方式は、住民参加型の地域福祉計画策定の方法として、有効な形式であると思う。

4．地域福祉計画策定に向けて

　2016（平成 28）年度、4 年目にはいり、地域福祉計画策定に向けて南大隅町介護福祉課、社会福祉協議会とともに筆者[18] の三者で具体的な実施スケジュールについて検討を行った。

18　鹿児島国際大学附置地域総合研究所委託研究員としての参加である。

　実は 2015（平成 27）年度において、地域福祉計画策定のための基礎調査を実施していた。基礎調査は、一つは 2016（平成 28）年 1 月に実施した住民調査であり、調査対象は 20 歳以上の町民 2,000 名で郵送法により実施し、有効票は 1,272 票、回収率は 63.6％であった。また合わせて町内の中学生を対象にした中学生調査（95 名）を行った。そして 33 事業所への事業所調査（社会貢献活動への取り組み）も行った。

　これらの結果を踏まえ担当職員と策定委員会や作業部会の構成、ワークショップの持ち方についても議論を行った。当初は、根占地区と佐多地区の 2 回程度のワークショップを予定したものが、最終的にすべての校区 13 ヶ所で実施することとなった。この決定が計画策定のターニングポイントになったと言えるだろう。ここではワークショップの動きについて具体的に説明する。

　なお、第 1 期南大隅町地域福祉計画策定については、以下のような組織構造になっている。一つは、地域福祉計画策定委員会、次に三つの専門部会と専門部会の代表をメンバーとする作業部会（代表者会）、そして各校区での参加者が討議する地域ワークショップである。地域ワークショップでの議論をベースにしながら計画案をつくりあげる形式である。

（南大隅町地域福祉計画策定委員会）

計画策定スケジュールの検討及び計画案の検討・修正、計画の承認を行う

南大隅町地域福祉計画 作業部会（代表者会）

各分野からの代表者（2 名）で構成し、3 分科会の提案された製作・施策等の検討及び調整を図り、計画骨子を作成　→　計画案の作成の作業を行い、策定委員会に提案する

高齢・介護　専門部会	地域体制　専門部会	児童・障害　専門部会
地域福祉計画策定において、高齢者福祉、介護保険事業の側面から地域福祉施策の方向性と具体的な施策を検討し、作業部会へ提案する。	地域福祉計画策定において、地域体制の方向性と具体的な施策を検討し、作業部会へ提案する	地域福祉計画策定において、児童福祉、障害者福祉の側面から地域福祉施策の方向性と具体的な施策を検討し、作業部会へ提案する

地域ワークショップ（地域懇談会）　地域ワークショップ（地域懇談会）　地域ワークショップ（地域懇談会）　地域ワークショップ（地域懇談会）

図 3-4　南大隅町地域福祉計画策定のための組織構成

（1）地域ワークショップ

2016（平成28）年、ワークショップの日程は以下の通りである。

9月28日　佐多校区ワークショップ

第1回のワークショップは、佐多校区のワークショップである。ワークショップの進め方等の試験的意味もあり、いわばパイロット事業でもあった。これを踏まえて合計13地域全町でのワークショップの開催を決断した。

10月11日　民生委員ワークショップ

地区別ではなかったが、10月の定例民生委員協議会においてワークショップを行った。これもワークショップのスタイルの確認等の意味も込めて行った。ほぼこれで13地区で行うワークショップのスタイルも固まった。（開始時間は午後6時ないし7時、ほぼ2時間程度）

表3-16　ワークショップの実施日

11月14日　川南地区ワークショップ
11月18日　川北地区ワークショップ
11月21日　宮田校区ワークショップ
11月24日　郡校区ワークショップ
11月28日　竹之浦校区ワークショップ
11月29日　大泊校区ワークショップ
12月 5日　城内地区ワークショップ
12月 7日　島泊地区ワークショップ
12月13日　登尾地区ワークショップ
12月15日　大中尾校区ワークショップ
12月16日　佐多校区ワークショップ
12月19日　滑川校区ワークショップ
12月26日　辺塚校区ワークショップ
なお、策定委員会は3回、作業部会4回を実施している。

（2）ワークショップの展開

はじめに地域福祉計画について、そしてワークショップについての趣旨説明がある。

ついで筆者が住民調査の結果の概要について説明する。ワークショップでは、以下のような文章を用意して説明を行い、最終的な課題と解決策を模造紙に写し、これを見ながらプレゼンを行う。

写真 3-9　（佐多地区ワークショップ）の様子

表 3-17　ワークショップ作業の説明文

ワークショップ作業【110 分】
課題を分類しながら優先順位をつけ、最終的に三つ程度の課題に分類。
※地域の困りごとを福祉の視点で出し合い、付箋紙に書いてシートに貼り付けます。
※出された困りごとを整理・分類します。
※たくさんある場合は優先順位をつけます。
次に課題に対する解決方法・取り組みを考えます。
〈考える視点〉
①自分たち（地域）で解決できる方法を考える。（自助、共助）
②今ある福祉サービスの活用ができないか検討。（公助）
③必要なサービス、支援方法を検討。（新たなサービスを生み出す）
※可能であれば、具体的な取り組みを「誰が」「いつ」「どのように」「何をする」まで考えます。
グループ毎に簡潔に発表をお願いします。
※グループで発表する方を決めておいてください。

　はじめに「課題と解決策」についての例示を示す。

写真 3-10　川南地区ワークショップ

まず付箋を使って該当箇所に記入していく。

写真 3-11　大中尾地区ワークショップ

　各グループには、1名から2名の役場職員あるいは社協職員がファシリテーターとして加わり、スムーズな議論の流れになるように支援する。

写真 3-12　辺塚校区ワークショップ

学生が加わったワークショップもあった。

写真 3-13　城内地区ワークショップ

模造紙が完成したら、討議報告を行う。

写真 3-14　島泊地区ワークショップ

最後に、高橋が全体のコメントをつける。

写真 3-15　宮田校区ワークショップ

　ワークショップのスタイルは、準備研究のなかで行ったものからはだいぶ簡略化されたものとなった。行政担当者や社会福祉協議会職員との話し合いの中で、あまり複雑なものを実施することは難しいと判断し、できるかぎり、一般住民が作業しやすいものを念頭に変えられた。

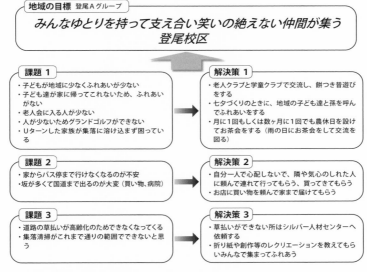

地域の目標 登尾Aグループ

**みんなゆとりを持って支え合い笑いの絶えない仲間が集う
登尾校区**

課題 1
・子どもが地域に少なくふれあいが少ない
・子ども達が家に帰ってこれないため、ふれあい
　がない
・老人会に入る人が少ない
・人が少ないためグランドゴルフができない
・Uターンした家族が集落に溶け込まず困っている

解決策 1
・老人クラブと学童クラブで交流し、餅つき昔遊び
　をする
・七夕づくりのときに、地域の子ども達と孫を呼ん
　でふれあいをする
・月に1回もしくは数ヶ月に1回でも農休日を設け
　てお茶会をする（雨の日にお茶会をして交流を
　図る）

課題 2
・家からバス停まで行けなくなるのが不安
・坂が多くて国道まで出るのが大変（買い物、病院）

解決策 2
・自分一人で心配しないで、隣や気心のしれた人
　に頼んで連れて行ってもらう、買ってきてもらう
・お店に買い物を頼んで家まで届けてもらう

課題 3
・道路の草払いが高齢化のためできなくなってくる
・集落清掃がこれまで通りの範囲でできないと思
　う

解決策 3
・草払いができない所はシルバー人材センターへ
　依頼する
・折り紙や創作等のレクリエーションを教えてもら
　いみんなで集まってふれあう

図 3-5　登尾Aグループのワークショップ図

（3）策定委員会

　第1回地域福祉計画策定委員会（11月14日）では、地域福祉計画策定の趣旨説明と基礎調査（住民アンケート）結果の概要説明及び計画策定の進め方と作業スケジュールについて承認された。第2回地域福祉計画策定委員会（2月16日）では、①地域福祉計画策定作業経過報告、②地域福祉計画骨子（案）について、③地域福祉計画の基本理念について検討した。作業部会において、議論された基本理念のうち、支持の大きかった四つのスローガンとそれ以外のスローガンが示され、これらからどれを選択していくかを委員会において議論した。最終的に、「誰もが主役!!　一生現役!!　共に語ろう、笑おう、声かけよう、安心して生活できる優しい福祉のまちづくり」に決定した。

　第3回策定委員会（3月23日）では、はじめに、委員長の町長からあいさつがあり、引き続き「南大隅町地域福祉計画書」の最終案が事務局から説明された。若干の修正の上で原案が承認された。

　その後、町担当者と今後地域福祉活動計画として引き継ぐ社会福祉協議会職

員とが、反省会及び来年度からの地域福祉活動計画の進め方について意見交換を行った。

（4）作業部会

　第1回作業部会（全体会、専門部会）は12月26日に開催、地域福祉計画策定の趣旨説明と策定基礎調査（住民アンケート）結果の概要説明後、地域ワークショップ結果から漏れている項目がないか、他に課題はないかを検証し、他計画（町総合振興計画、高齢者福祉・介護保険事業計画、障害福祉計画、子ども子育て支援計画）との整合性の確認を行った。第2回作業部会（1月24日）では、基本計画の検討を行った。また第3回作業部会（2月10日）は代表者会として、1）計画の基本理念の検討、2）計画骨子（案）の検討を行った。

　第4回作業部会（3月10日）は、計画案の確認である。計画案についての質疑を行った後に、作業部会メンバーから計画案についてコメントをいただいた。

　今回の計画策定の特徴としては、校区・地区ごとのワークショップの結果をメインにおき、町全体の計画案が3ページ程度の、こぢんまりとしたものに収まっているところであろう。通常、この部分には多くのページが割かれるが、この部分はかなりシンプルなものとして、具体的なアクションプランについては、社協を中心に手がけていく、「地域福祉活動計画」に下駄を預けた形になっている。時間的な問題もあったろうが、行政が役場内でつくりあげる計画としては、このくらいシンプルなものにした方が、次の担当に引き継ぎやすいかもしれない。また今回の計画づくりでは、役場スタッフの成長やスキルアップの部分も注目できた。13回の地区別ワークショップは住民意識の掘り起こしや住

写真 3-16　第1回　専門部会

民自身の地域課題のとらえなおしとともに役場スタッフの成長が促された点が大きかった。繰り返し、繰り返し行われるワークショップに参加することがそれを可能にし、役場職員の参加も増えていった。こうした点については、あらためてふりかえる。

（5）南大隅町地域福祉計画の特徴
1）コンサルタントへの委託を求めなかった計画
　南大隅町の福祉計画は、これまではほとんどの計画をコンサルタント等の外部機関に依頼して作成していた。今回、地域福祉計画策定については、コンサルタントに策定依頼をする代わりに鹿児島国際大学附置地域総合研究所に助言を依頼し、行政と社協、住民でつくりあげたということができる。コンサルタントに委託を行わなかった分、予算的には削減することができたろうが、その分行政担当者が担うべき役割は大きくなったと言える。
2）住民懇談会（ワークショップ）を軸とした福祉計画づくり
　今回の計画を「住民参加型」と呼ぶとすれば、それは主として13地区のワークショップを援用して行った点にある。ワークショップのスタイルは、さまざまであり、パイロット事業の中でも2年目、3年目の滑川校区でワークショップを複数回行っていた。しかし、今回はよりシンプルに、「課題」と「解決策」を付箋に記入し、最終的に模造紙に書き込むというスタイルで実施することになった。2時間程度の全体プログラムの中であまりに複雑なことは望めないと判断したためであり、実際にこのやり方が良かったと考える。13地区は人数にばらつきはあったが、5人から8人くらいのグループが、2グループから4グループぐらい討議に参加し、最終的にそれぞれのメンバーの一人が、報告を行った。
　筆者の役割としては、はじめの調査概要報告、そして最後のまとめである。最後のまとめの内容は、若干の追加コメントとともに、「住民懇談会メモ」として示している。
3）策定のための委員会構成
　今回の策定委員会構成は、「策定委員会」と「作業部会」の2部構成になっているが、作業部会の中には「代表者会」が含まれ上記の図3-4（72ページ）の

構造になっている。作業部会は「高齢・介護専門部会」「地域体制専門部会」「児童・障害専門部会」の3部会から構成されており、それぞれ分野ごとの専門的判断ができるメンバーが選ばれているが、これらが地区別でのワークショップの意見を吸い上げるとともに、各分野の行政福祉計画を吟味し、地域福祉に関わることや、他の計画では抜けている点などを見つけ出すこと、そしてそれを地域福祉計画の中に含めることなどの役割を持つ。またこれらで出た意見を「代表者会」で調整するという形になっている。「策定委員会」そのものは、主に作業部会で提案された素案を修正し、承認するという役割である。実際の運用をみてみると若干作業部会の人数が多かったように思う。

4）地域福祉活動計画へのつなぎ

　そもそも地域福祉活動計画とは、社協を中心として作成する民間計画である。全国社会福祉協議会（全社協）では、1991（平成3）年度に地域福祉計画策定指針を作成し、これに基づき、「地域福祉活動計画策定の手引」（1992）を作成している。これは、1984（昭和59）年に全社協が「地域福祉計画～その理論と方法」で提唱した社協の策定する地域福祉計画を発展させ、当時の福祉関係八法の新しい地域福祉の時代に対応した社協がになうべき地域福祉活動のための計画づくりの指針と言われていた。（高橋紘士 1993：14-15）

　もともと地域福祉計画は、民間計画として生まれたもので、それが社会福祉法成立の中で行政計画として位置づけられるようになった。地域福祉活動計画は、「福祉ニーズが現れる地域社会において、福祉課題の解決をめざして、住民や民間団体の行う諸々の解決活動と必要な資源の造成・配分活動などを組織だって行うことを目的として体系的かつ年度ごとにとりまとめたとりきめ」（全国社会福祉協議会 1992：7）をいう。

　今後、南大隅町地域福祉計画の考え方は、社会福祉協議会を中心とした民間計画である、「地域福祉活動計画」にも引き継がれる予定であった。地域福祉活動計画は、地域福祉計画に対して、地区計画の側面とアクションプランの側面の2側面を持つものと想定できる。実際には、社会福祉協議会は「地域福祉活動計画」は策定しておらず、かわりに、「地区社協づくり」ということで地域福祉活動を進めた。

5）職員（スタッフ）の意識変化

　日本の個別福祉計画は 1993（平成 5）年作成の「老人保健福祉計画」に始まった。以後、続々と福祉計画の策定が市町村の義務あるいは努力義務として制度化され、策定のサイクルも 5 年から 3 年に変わるものも多かった。計画づくりの重要性が認識され、それが制度化されてきたわけであるが、自治体職員にとっては、業務のハードルがどんどんあがってきているという印象だろう。しかも、行政職員は 3 年程度で部署を離れることも多く、職員はいつも新しい福祉計画を前にして戸惑い、最終的にはコンサルタントに委託するという手続きをとることも多かった。南大隅町においては、はじめてと言ってもいい、コンサルタントを入れないやり方で福祉計画をつくったと言える。確かに大学との連携の中で、今回福祉計画を進めたが、大学側としては計画づくりを丸投げされたとは考えていないし、実際においてもそうだった。ワークショップ等を経験するなかで、こうした計画づくりにおける合意形成のプロセスを展開する手法については、行政職員自身にも学びがあったのではないか。13 地区のワークショップに関わるなかで、こうしたスキルが磨かれていったように思う。

　願わくば、こうした経験が他の計画づくりにも波及していくことである。福祉計画のハードルはあがるばかりだが、自分たちの身の丈に合った福祉計画を行政職員と住民とでつくりあげること、仮にコンサルタントを使うことがあっても、注文の多い客になり、自分たちでできることを考えることが重要であろう。

（6）コミュニティワークとしての視点

　南大隅町地域福祉計画策定に関しては、主に地域総合研究所のスタッフとして、4 年の関わりを持った。この間、南大隅町とは委託契約を結び、旅費等に関しての資金もいただいた。この中で調査研究を進め、計画策定に際しては、助言者の立場から参加してきた。

　ワークショップの中では、ファシリテーターとしての役割を町役場からはいただいた。しかし、筆者の側からすると、この一連のプログラムに関わる時には、コミュニティワーカーに近い役割ではないかと思いながら関わってきた。

　コミュニティワークは、一般的には「人々が集合的アクションをとることで、

自身のコミュニティを改善しようとするのを支援するプロセス」などと定義される。(Twelvetrees 1991 :1)[19]

何度も述べるように、行政の福祉計画には、コンサルタント等が関わり、作成することも多く、南大隅町においても多くの福祉計画がこうした流れで作られてきた。

結果として役場職員からは、「我々がやるのはコンサルタントの作った原稿の誤字脱字の修正をしているだけ」といった類いの話を聞くこともたびたびあった。これは本来の計画の在り方から言っても是正すべき問題である。少なくとも、行政計画である限り、行政の責任の範囲内で、しかも住民参加が担保できる形でつくりあげるのが地域福祉計画のはずである。大学がコンサルタント等の肩代わりをしたのでは意味がない。果たして大学は地域を支援するという形で最終的には、行政や地域をエンパワーメントすることができたか。ソーシャルワークに共通した側面である。ここでは以下の7点に留意し、役場職員の評価[20]も入れながらコミュニティワークの視点から確認を行ってみる。

1）地域住民の計画への参加を担保できたか

住民参加を担保する仕方は、いくつか存在するだろうが、今回の場合、少なくとも13地区ワークショップを通して地区住民の意見聴取ができたことが大きいと思われる。

南大隅町の他の福祉計画策定においては、こうした手続きはとられていない。コミュニティワーカーとしては、役場・社協スタッフとともにワークショッププランを具体的に練り、13地区中11地区のワークショップに参加、基礎調査報告やまとめの報告（住民懇談会メモのような発言をした）を行い、住民活動に支持的に対応した。

（役場職員の評価）

「地域ワークショップを町内全域で実施し、200名を超える地域住民に参加していただき、地域住民の力で地域の課題と解決策を考えまとめていただいたこ

---

19 コミュニティワークでは、プロセスゴールが重視されるが、一般には、これに加えて、タスクゴール、そしてリレーションシップゴールの三つが日本では最終的な評価の視点として考えられることが多い。

20 地域福祉計画に中心的に関わってきた職員からの意見聴取である（2017年、メールを使っての自由回答のアンケート形式で行った）。

と、また、地域住民が検討・まとめたものをそのまま地域の計画・方向性とし
て掲載したいとの想いが実現できたことから、住民の参加と協力なくしては策
定できなかった計画であると感じている。また、地域ワークショップで出た意
見を現状と課題として整理し、行政が取り組むべきこと（基本計画）も検討し
てきた。住民参加の満足度をどこに設定するかの基準は解らないが、『住民参加
なくしてはできなかった計画』と言える」

2）行政計画として行政が責任ある計画をつくることができたか

　これまでコンサルタント任せになっていた福祉計画づくりにおいて、計画案
についての行政職員の参加は弱かった。今回は行政が主導しながら、策定委員
会、分科会、そしてワークショップの運用をリードし、説明を行ってきた。コ
ミュニティワーカーとしては、それに対してアドバイスや励まし等を行った。

（役場職員の評価）

　「1）で記したように、地域住民が考えてまとめたものをそのまま掲載したわ
けであるが、一方で、行政として地域住民ばかりに任せることなく、地域住民
が活動していくために行政が取り組むことを目的として、基本計画として記載
した。行政と地域住民が両輪として動くことを考えての計画であると考えてい
る。行政主体の計画でなく、『住民が主役、地域が主体』である計画を策定した
いとの想いと、地域住民が見たくなる計画を何とか作れないかとの想いで取り
組んだ」

3）計画づくりを通して、行政職員のやる気を引き出すことができたか

　少なくとも、この計画づくりが4年もかかってしまった一因には、コンサル
タントに依頼して計画をつくり続けてきた行政職員をエンパワーしていく難し
さがあった。実際にこのプランに関わった始めは、大学（高橋）が計画を作る
ものと考えていた節があり、途中からはコンサルタントと大学の両方からの支
援を考えているようでもあった。しかし、3年目頃から行政職員の福祉計画に
関わる態度が変わり始め、13回のワークショップにも参加する職員が増え、住
民との対話の中で計画づくりのノウハウ等を身につけ始めた。コミュニティ
ワーカーとしては、職員の主体的関与、やる気に応じて、少しずつ、指導的発
言を少なくし、支持的態度で応ずるようにした。

（役場職員の評価）

　「当初は、行政職員は地域福祉や地域福祉計画策定の意義についての十分な知識もなく理解もしていなかったが、計画づくりを通じて地域福祉の意味や策定の意義を見いだせた。ただ、策定担当者とその他の職員との間には当然のことだが、地域福祉計画策定や福祉のまちづくりに対する温度差は感じるが、地域福祉、福祉のまちづくりの考えや必要性についての職員の理解度は当初と比較すると高くなっていることは事実（課内職員の約7割がワークショップに最低1回は参加している）。職員（他の課の職員も含む）の中には『やるときには声をかけてください』とやる気のある職員もいる」

４）地域づくりを通して行政内部の組織化を進められたか

　この点は、まだ十分な成果としては示されていない。地域福祉計画での学びを職員が共有し、次の福祉計画に生かせるかどうかは、まだわからない。

（役場職員の評価）

　「計画策定に当たり、町長はじめ各課長へ『福祉のまちづくり』から『地域づくり』『地域おこし』へつながることの説明と協力の呼びかけはした。地域福祉計画を策定したことや福祉のまちづくりに取り組みはじめることについて庁内職員は認識していると思う。全庁的な取り組み、組織化は必要であると思うが、できていない」

５）行政と他機関の連携を促進することができたか

　行政と社会福祉協議会の連携は促進された。13回のワークショップには、行政職員と社会福祉協議会職員がともにファシリテータとして参加し、計画策定後は、地域福祉活動計画として地区社協を立ち上げる予定になっている。

（役場職員の評価）

　「計画策定作業は最初から最後まで町社会福祉協議会と共に考え作業してきたことから、考え方や方向性は十分に共有できたと思う。また、作業部会、策定委員会での作業等を通じて関係機関・団体との考え方をある程度は共有できたものと感じている。行政と関係機関や関係団体との連携の取りやすさ、動きやすさが『小さな町の強み』だと感じる」

６）行政と住民との相互理解を深めることができたか

　少なくともワークショップの過程を通して、地域福祉の推進について、ある

程度の合意形成がとれるようになってきた。

（役場職員の評価）

　「地域ワークショップでの作業を行う過程の中で、地域住民が地域福祉、福祉のまちづくりについて理解していったと思う。そう思う理由は、ワークショップを開始した時点での地域住民の表情とワークショップが終わる頃の住民の表情が明らかに違っていたこと（険しい表情から柔らかな満足感を感じた表情へ変化）、実際のワークを通じて『そういうことか』との気付きを目の当たりにしたからであろう。行政側からの説明だけで理解を得ることは難しく、作業効果の有効性を感じた」

7）計画づくりに地域の社会資源を活用できたか―地産地消の福祉計画

　基礎調査の作成に始まり、一連の流れの中で、南大隅町の社会資源を活用していくことを提案してきた。できれば、データ入力の仕方や計画書の作成等を地元の団体に依頼したかったが、それができないところもあった。しかし少なくとも計画書の作成を地元作業所に依頼している。

　いずれも定性的評価であるが、コミュニティワークの一環として関わった、一定の成果として考えることができよう。

（役場職員の評価）

　「計画策定に関わった人材は全て南大隅町の住民、関係団体であり、また計画書の印刷・製本も町内の印刷業者を活用し、製本については、大学側の助言もあって町内の障害者就労支援事業所にお願いした。策定助言以外は、全て地域の社会資源によってまかなうことができた」

（7）地域福祉計画から社会福祉協議会「地区社協づくり」

　地域福祉計画策定後、南大隅町社会福祉協議会は、地域福祉活動計画書を作成することはしなかったが、地域座談会と地区社協の創設活動を行った。

　「地域座談会」は、地域住民の生活状況の把握や社協からの情報提供、福祉マップの作成、町の福祉サービス、介護保険のサービスや認知症等についての説明等を自治会単位で行うものである。具体的には、①社協の役割、取り組み事業の周知、②介護保険サービスの情報提供、③個人の生活に関する相談対応、④福祉マップの作成（地域の現状把握）などをねらいとするものである。

写真 3-17　ある地域の地域座談会

　「地区社協設置事業」は、地域が抱えている様々な福祉課題をみんなで話し合い、協力して解決を図ることを目的とし、その活動を通して、個人が尊厳をもって地域や家庭の中でその人らしい生活を送れるように支え、支えられる「ふくしのまちづくり」を推進する地域組織としている。エリアとしては、地域ワークショップの 13 地区を念頭においている。

　手順としては、①地区公民館役員、地区内自治会役員へ社協から地区社協説明会を行い、設立の働きかけを行う。②地区社協三役、及び役員を選任、③福祉マップを使って地域課題の掘り起こしを行う。④地域の課題解決に向けた活動を協議、その上で⑤地区社協役員や地域住民が主体的に活動を行うというものである。たとえば島泊地区では、「声かけ・見守り活動」と「災害対策活動」が協議された。

　辺塚地区では、地区社協ボランティアを中心に活動展開するミニデイサービス「しらなみ」とヘルパーステーション「しらなみ」が提案され、実現している。活動の拠点としては、旧辺塚小学校跡地が選定された。

5．住民ワークショップメモ

　住民ワークショップの中で、筆者が最後に（話し合いを受けて）述べたことを 10 点にまとめてみる。

（1）行政へのお願い型から分担型・提案型

　懇談会（ワークショップ）に参加していて、初期にはグループによって、地域課題は行政や専門職が解決するものと考え、「お願い」に終始するものが見られた。しかし、例えば介護保険サービスでヘルパーがはいることで、住民が関わらなくなると地域の問題解決力が低下する。

　地域は地域でできることを考え、専門職と共同して行う必要があるのではないかと説明した。ともすると、こうした懇談会は行政への要望になりがちだが、私たちもここまでやりますから、行政もここまでやってくれという分担型や提案型の動きが地域から出てくるといいと思う。

（2）子どもたちがふるさとを去る、特に驚かないところに「誇りの空洞化」をみる

　調査報告の中で地域によっては全員の中学生が地元に残らないと答えていることを話したが、特に驚かれていないところもあった。地域に若い人が来てほしいと言いながら、自分の子どもは外に出すという大人の態度があったのではないか。これを学者は「誇りの空洞化」と呼んでいる。（小田切2007）

　確かに、地域によっては、地元から町外の高校に通えないという問題がある。うまく路線をつなぐようなやり方はないだろうか。

（ふるさと意識の醸成が必要）

　徳之島の中学生に同じ調査をしたときは、半数が地域に戻りたいと言っていた。小さい時から、地域との交流や思い出が強いのだろうか。沖縄や奄美群島では、何かあったら戻ってくるという態度があるようにも見える。いったん外に出ても、地域にいい思い出があったり、最後はふるさとで過ごそうかという思いを地域はつくるようにできるのではないか。日頃からふるさとを思う気持ちを作ることが大事ではないか。

（平凡教育は地域が担う）

　学校側にも、地域が日常的な生活習慣等の習得に果たしている役割を十分、考慮してもらう必要があろう。柳田国男の著作に「平凡と非凡」というものがある。平凡教育とは、試験で何点取るとか、他者よりいい点数を取るとかではなく、地域の人に挨拶をするとか、お墓を大事にするとかの日常的な常識に関

わることだ。昔はこうしたことを地域の人に教わっていた。[21]
（別居家族の関心を地元に向けさせる―集落に帰った別居家族との交流）

　霧島市のある集落では、お盆で帰ってきた別居の家族を巻き込んで集会を行う。そこで昔の写真などを見せてふるさとを思いださせるということをやっている。常に「あなたのふるさとはここですよ」と思い出させることが大事ではないだろうか。別居家族と情報共有ができていないという話もあった。以前、喜界町（島）と南大隅町の比較調査をしたが、離島であるにもかかわらず、喜界町の方が別居家族との交流が盛んだった。

（3）地域外のサポーター（南大隅を外から見守っている人、応援している人）

　人は出ていくが、ここがふるさとと思っている人も多くいる。十島村の宝島に小規模多機能施設を作る時に、関東に住む宝島出身者が、「あそこに自分の土地があるから使ってくれ」と申し出て施設ができた。地域を離れても、なにかあったら地域のためにという人も多いのではないか。集落住民だけでなく、別居している家族、観光で来る人、昔ここに住んでいた人、大学生や教員などなども巻き込めれば、マンパワーが広がる。そこには住まない人だが、たまにそこに通ってくる人間も考えると南大隅町に関わる住民は多くいるはずである。

（4）サロン活動の多様性―サロン二次会、押しかけサロン、小規模サロン

（サロンでも出てこない人もいる。出てこられない人もいる。サロンの二次会）

　ふれあいサロンは、全国的に広がる地域活動であるが、実は、通常のサロンが終了後、より少人数で気心のあった人たちが二次会を行うケースがある。ここにはフォーマルなサロンには来なかった人も含まれるという。

　お年寄りが他の家に行かなくなったという話があった。体も不自由になってきているのか。身近で交流するようなことができないか。また出てきにくい人には、こちらから押しかけていく方法もあるだろう。目が不自由な方、耳が不自由な方は、どうしても公共の場に出にくくなる。小グループで、こちらから

21　柳田の「平凡と非凡」をコミュニティ論の側面から注目したのは、鳥越（鳥越2008）である。

自宅を訪問して小規模なサロンを行うこともできるのではないか。
（支援される側からする側への大転換）

　サロンで人が集まらないという話があった。鹿児島市の場合は「お達者クラブ」をやっている。その発足時に健康づくり推進員、81歳の方のインタビューが新聞に出ていた。「去年までデイケアに通っていました。今年からボランティアでがんばります」というものだった。昨年まで支援される側だったが、今年からは支援する側、こうした回転が大事だろうと思う。また支援する側にまわることでボランティア意識や社会貢献として意気に感じる方もおられるのではないか。

（5）支援を必要とする若者の存在

　懇談会では、少ないながら若者がいたグループもあったが、あまり元気がなかった印象だ。20代、30代と高齢者との交流は少ないということだったが、若いから元気がいいとか、地域で頑張っているということでもないのかもしれない。秋田県の藤里町では、高齢者からの訴えで、若者の引きこもりへの支援を行い始めた。高齢者＝支援される側、若者＝支援する側ということではない。若者の社会的孤立対応も考えていかねばならない。

（6）住民の助けあいの強化

（自助型小地域ネットワークづくり）

　民生委員のサポートをする人、見守り等のお手伝いをする人が必要との声があがっていた。見守りシステムには二つ機能があると言われている。必要性を発見し、専門職等につなぐ仕組みと地域での助け合いの仕組みである。これからは高齢者が高齢者を支える仕組みなども作らねばならないのではないか。80歳でも元気な人は多い。みんながお客様では地域は立ちゆかないだろう。

（住民オール認知症サポーター）

　認知症についての懸念も多くのグループで討議されていた。「近所の人が認知症ではないかと思われるが、その判断も、どういう対応をすればいいのかわからない」という状況がある。自身の予防も含め、認知症サポーター養成講座を地域住民が全員受講し、認知症の判断と対応、自身の予防を行う。集落の全員

がサポーターになるということはできないだろうか。

（集落内シルバー人材センター）

　ある地域では、単なる近隣の善意だけでは、事故等が起きたときのことを考えると不安との声もあり、なじみの関係にある人たちを集落内シルバー人材として活用できないかなどのアイデアが出ていた。確かにあまり知らない人に部屋に入られたくないというのがあるので、なじみの関係がいいだろう。

（達人を呼び、話を聞く）

　集落での困り事を解決したという「達人」を集落内に呼び、アドバイスをもらうということも考えられるのではないか。集落でうまくいっているところ（成功例）の人を呼んできて、聞くのもいいかと思う。葉っぱを使って商売した例もある。

（7）見方を変えていくこと

（あるものを見直す視点）

　討議の中で、今あるものを再評価することの大事さを強調するところもあった。福祉サービスを実は住民が知らない。情報を持っていないということもある。その意味で、福祉サービスを簡潔にまとめた冊子が有効だという話である。それによって今あるサービスを活用できる。

（5年後10年後を見据える）

　今の集落は、助けあいの仕組みが自然にできているので大丈夫という主張をするグループもあったが、しかし5年後、10年後の集落像を見据えた対策が必要であろう。

（情報の集約）

　情報を集約することが大事ということも強調されていた。バス路線、移動販売者の経路をどの程度知っているのか、今行われている情報がはいってこないために、うまくまわらないということがあるのではということだった。

（海士町の考え方）

　海士町の振興計画では、ひとりでできることは何か、10人でできることは何か、100人でできることは何か、1000人でできることは何かを考えている。こうした提案のしかたも大事だろう。（海士町 2009）

（8）地域福祉の原点

（ソーシャルインクルージョン―誰も排除しないということ―）

　ゴミの分別がうまくできないときに、犯人捜しをしてはだめだという話があった。まさに「ソーシャルインクルージョン」だ。だれも排除しない。「町内会にはいっていない人には、何もしなくてもいいんですよね」ということではない。排除しないという考え方。犯人捜しをしないでみんなを仲間にする考えは大事だろうし、そうした声が住民の中からわき上がることはいいことだろう。

（集落の緩和ケア）

　現在、至る所で、地域活性化や地域振興を目的としたワークショップが開催されている。これらと地域福祉はどのように違うのだろうか。重なっているところも多い。しかし、地域福祉は最終的に地域が活性化しなくても、そこに生活する人たちがいる限りは、成立するものである。最終的に、人がいなくなるかもしれないが、そこにいる人たちの幸せを達成するために何ができるかを考えること、生活している人がいる限りは生活しやすい環境をつくること、それが地域福祉である。

（9）その他

　印象に残った議論として、避難所のトイレの問題、バリアフリー化していないという問題があった。体が不自由な人が使えるのかなどの確認が必要である。避難所そのものの再点検の必要性を訴えたグループもあった。また有償ボランティアとボランティア登録がかみ合っていけばいいなどの意見もあった。

（10）スタッフの学び

　これだけの回数をこなすと、ファシリテーターとして参加したスタッフの力量も確実にあがっている印象を受けた。はじめは怪訝そうな顔をしていた住民も1時間も議論していくと熱心に議論するようになるという確信をもつようになっていった。どういった点を住民が課題として考えているのか、その共通性の理解。話をまとめあげていくスキルのアップなどである。そのためには確かに一定の場数を踏むことが必要だろう。

6．オンリーワンの福祉計画

　南大隅町との共同事業の始まりは、ある講演会で南大隅町職員より声をかけられたことによる。[22] 当時、筆者は、地元新聞社との企画で「一人暮らし高齢者の社会的孤立」についての調査研究（4自治体調査）をまとめていた頃であった。この調査は、鹿児島県内のうち鹿児島市、南さつま市、喜界町そして南大隅町の4自治体の一人暮らし高齢者を調査するもので、鹿児島県の中心に位置する鹿児島市、笠沙や坊津など高齢化の進んだ地域と加世田市のように比較的高齢化の進んでいない地域の混合自治体である南さつま市。喜界町のような離島、そして県下で最も高齢化が進んでいる南大隅町の、特徴ある4自治体を選んだ。その時の調査結果などからも南大隅町に対する関心は高くなっていた。そんなおりに、自治体職員からの依頼を了承したが、ただその時、職員から「日本一の福祉計画を作ってください」と言われ、戸惑ったのを覚えている。自分たちで作らないのだろうか。日本一が何を意味するかは、いろいろ考えもあったのだろうが、何も言わずに聞き流していた。しかし、大事なことは日本一の計画を作ることではなく、その自治体の状況に見合った、自治体の身の丈に合った計画をつくることではないかと思う。SMAPの歌ではないが、「ナンバーワンよりオンリーワン」を志向すべきだろう。

7．第2期地域福祉計画（2022-2026）について

　実は、第1期地域福祉計画の策定から4年がたち、ふたたび南大隅町からの協力依頼があったので、ここで簡単にまとめておく。
　2021（令和3）年に、2022年度から5年間の地域福祉計画の策定について委託事業に1年間のみ、地域総合研究所の委託研究員として関わった。計画策定の手順は、前回計画策定と同様である。
　ただコロナ禍ということが影響し、いくつか変更を余儀なくされたところも

22　この職員の声かけから、その後の南大隅町とのさまざまな活動が始まった。その意味で声をかけていただいた職員に大変感謝している。

あった。まず、役場や社協との打ち合わせは主に、zoom会議が多くなった。ア
ンケート調査は9月末から10月末とだいぶ遅れたが、データ入力は地域の就労
支援協議会と学生が行った。13地区でのワークショップも同様におこなわれた
が、コロナ禍でもあり、参加者数は、以前よりは少なかった。また「前回から
の変化」ということで、アンケート調査や地区ワークショップでは、前回テー
マと掲げていたことがどの程度実行できているかどうかといった視点を重視し
た。例えば、前回の辺塚地区ワークショップにおいて高齢者を対象にしたミニ
デイサービスの提案があり、その後、地区社協のたちあげと共に、ミニデイサー
ビスが住民参加型で元小学校を使って実現できている。そしてヘルパーステー
ションも併設している。その意味で地域福祉計画策定が効果的に展開されてき
たところもあり、住民と社協職員の信頼関係も厚い。[23]

文献

南大隅町 (2021)「南大隅町高齢者福祉計画及び第8期介護保険事業計画」https://www.
　　town.minamiosumi.lg.jp/kaigohukushi/kurashi/fukushi/kaigohoken/documents/
　　koureikeikaku1-4.pdf (2024年1月11日参照)

農村開発企画委員会 (2007)「平成18年度　限界集落における集落機能の実態等に関
　　する調査報告書」(林賢一他執筆) www.maff.go.jp/j/nousin/noukei/communit/
　　pdf/18report.pdf (2015年1月3日参照)

大野晃 (2005)『山村環境社会学序説－現代山村の限界集落化と地域共同管理』農山
　　漁村文化協会

小田切徳美 (2007)「山村再生の課題」『アカデミア』83:4-9, http://www.soumu.go.jp/
　　main_sosiki/kenkyu/teizyu/pdf/080214_1_si1-2.pdf (2014年12月30日参照)

江口貴康、片岡佳美、吹野卓 (2008)「限界集落に生きる人々の『語り』の共有化の
　　試み―島根県雲南市掛合町の一集落を事例として」島根大学法文学部山陰研究セン
　　ター『山陰研究』 1：1-25

南大隅町ホームページ　http://www.town.minamiosumi.lg.jp/ (2014年1月3日参照)

23　南大隅町とは、2023年も地域福祉に関するプロジェクトに参加し、月1～2回程度の予定でミー
　　ティングやワークショップにかかわっているが、これまでの2回の地域福祉計画の策定が大変役に
　　立っている。

南大隅町（2010）「南大隅町総合振興計画　後期基本計画」https://www.town.
　minamiosumi.lg.jp/kikaku/machi/shisaku/sogokeikaku/sogokeikaku3.html（2024 年 1
　月 11 日参照）

佐多町誌編集委員会（1973）『佐多町誌』

野村哲也（1980）『社会福祉調査論』新評論

Lees, Ray（1975）"Research and Community Work" in David Jones and Marorie
　Mayo(eds.), *Community Work vol.2,* Routledge & Kegan Paul

鳥越皓之（1982）『トカラ列島社会の研究』御茶の水書房

Twelvetrees, Alan（1991）*Community Work,* 2nd ed., Macmillan Press, London

海士町（2009）『海士町をつくる 24 の提案—第四次海士町総合振興計画　別冊 2009-
　2018』

全国社会福祉協議会地域福祉部編（1992）「社協活動マニュアル 3　地域福祉活動計
　画策定の手引」全国社会福祉協議会

キャサリン・ポープ、ニコラス・メイズ編、大滝純司監訳（［2001］2008）『質的研究
　実践ガイド—保健医療サービス向上のために』第 2 版、医学書院

高橋紘士（1993）「地域福祉活動計画とは何か」『月刊福祉』5 月号、全国社会福祉協
　議会

鳥越皓之（2008）『「サザエさん」的コミュニティの法則』日本放送出版協会

藤里町社会福祉協議会、秋田魁新報社編（2014）『ひきこもり町おこしに発つ』秋田魁
　新報社

第4章

現在の福祉計画ノート
—リサーチとプランニングプロセス—

はじめに

　高齢者保健福祉計画から始まった自治体作成の福祉個別計画は、現在広がりを見せ、高齢者分野以外にも、障害者計画、障害福祉計画、障害児計画、地域福祉計画、子ども・子育て支援事業計画、次世代育成支援のための行動計画など、それぞれ法的根拠をもちながら、数多くの福祉計画が策定されており、それも初め任意だったものが努力義務になったり（地域福祉計画）、努力義務だったものが義務計画となったり（障害者計画）、5年1期だったものが3年1期に変更されたり（介護保険事業計画）など、その性格も変化してきている。全体的には、市町村福祉行政の質はあがったといえるのかもしれないが、その負担は大変大きくなった。

　また、計画をPDCAサイクルの中に位置づけて行うことは、福祉計画づくりに限らず、標準化してきていると言えるだろう。ここでは、特に介護保険事業計画と障害福祉計画、そして地域福祉計画をとりあげ、国の策定手引き等を参照しながら、第1章でもテーマとした実態調査との関係等について検討していきたい。

1．介護保険事業計画の現在

（1）介護保険事業計画の方向性

　介護保険事業計画は、2023（令和5）年度現在、第8期計画が進行中であり、

2024（令和6）年4月から第9期の計画が始まる。厚生労働省資料「第9期介護保険事業（支援）計画の作成準備について」では、85歳以上の急速な増加、地域包括ケアシステムのさらなる深化、推進、介護ニーズの増大と労働力の制約への対応を両立させるなどを検討の論点として掲げている。（老健局介護保険計画課 2022：4）

　現状と今後想定される高齢者数や介護需要を見据えて、プラン作りを行うことは踏襲しつつも、「第8期介護保険事業に係る保険給付の円滑な実施を確保するための基本的な指針」のなかでは、「②在宅生活継続のためのサービス基盤整備」として、「要介護状態等となっても、可能な限り、住み慣れた地域において継続して日常生活を営むことができるよう指定地域密着型サービス等のサービスの提供や在宅と施設の連携等、地域における継続的な支援体制の整備を図ることが重要である」とし、「その際、重度の要介護者、単身又は夫婦のみの高齢者世帯及び認知症の人の増加、働きながら要介護者等を在宅で介護している家族等の就労継続や負担軽減の必要性等を踏まえ、高齢者の日常生活全般を毎日複数回の柔軟なサービス提供により支えることが可能な定期巡回・随時対応型訪問介護看護、小規模多機能型居宅介護及び看護小規模多機能型居宅介護等の普及に当たっては、要介護者等をはじめ地域の住民やサービス事業所等を含めた地域全体に対して理解を図っていくことが重要である」（老健局介護保険計画課 2022：19）と述べている。

　また「④特別養護老人ホームにおける入所申込者の状況を踏まえた整備」では、「入所申込者が多数存在する指定介護老人福祉施設や地域密着型介護老人福祉施設については、保険者である市町村において、入所申込みを行っている要介護者等のうち、介護の必要性や家族の状況等により、当該施設以外では生活が困難であり、真に入所が必要と判断される被保険者を適宜の方法で把握し、その状況も踏まえた上で、必要なサービスの種類ごとの量の見込みを定めること」（老健局介護保険計画課 2022：20）としている。

　特養の入所待ち者が多くいることは全国的傾向であることを踏まえると、特養を増やす方向というよりは入所基準の厳格化を求めているように見える。かわりに、「⑤介護付き住まいの普及」として、「介護保険施設については、重度の要介護者に重点を置き、施設に入所した場合は施設での生活を居宅での生活

に近いものとしていくとともに、これらと併せて、高齢者の多様なニーズに対応するため、サービス付き高齢者向け住宅や介護を受けながら住み続けることができるような介護付きの住まいの普及を図ることが重要である」「有料老人ホーム及びサービス付き高齢者向け住宅が増加し、多様な介護ニーズの受け皿となっている状況を踏まえ、これらの設置状況等の情報を積極的に市町村に情報提供することが重要である」と述べている。（老健局介護保険計画課 2022：20）

　実は、これに関連すると思われる三菱 UFJ リサーチ＆コンサルティング作成の「5　介護保険事業計画における施策反映のための手引きについて」（第 9 期介護保険事業計画作成に向けた各種調査等に関する説明会 資料 5）では、地域ごとに設定する「ビジョン、参照指標、検討事項」の例として、次のような文章が見られる。参照指標の一つである「居所を変更した人の割合を下げる」の説明として、「住み慣れた地域・住まいで、暮らし続けることができている」状態とは、例えば、「できるだけ居所を変更することなく、暮らし続けることができている」状態であること。住まいの種類ごとの一定程度の機能分化は必要だが、要介護者の状態の変化に応じた住まいの変更を前提とすることは、本人にとって負担が大きいとともに、中重度の要介護者を支えるための新たな施設の整備は、人材確保の面からも今後ますます困難になっていくといい、今後は、要介護者の状態の変化に応じた「住まいの変更」を前提とするのではなく、「状態の変化に応じた、柔軟な支援・サービスの提供」を軸としながら、地域全体の支援・サービスの「機能の強化」を図っていくことが求められるのではないか。「居所を変更した人の割合を下げる」という参照指標は、「最後まで暮らし続けることができる地域・住まい」の実現を目指すものという。（三菱 UFJ リサーチ＆コンサルティング 2022：11）

　国レベルの施策としては、特養は現時点でも大幅に不足しており、人材不足から施設建設が難しい。

　人材を増やすという視点というよりは、有料老人ホームやサービス付き高齢者住宅などでカバーしながら、そこに在宅ケア特に定期巡回型等のホームヘルプサービスを増やそうというねらいだろうか。しかし、巡回型といっても 10 分、20 分レベルの巡回を繰り返すのであるから、当然事業所と住宅が近接して

いる必要があるため、おそらく通常の持ち家等の在宅ケアでは限界があるだろう。一つ一つの住居が点在している場合などは、効率は必ずしもよくない。

　こう考えると、「**最後まで暮らし続けることができる地域・住まいの実現を目指すもの**」という言葉も色あせてくる。また小規模多機能施設がなかなか増えない現状もあり、この事業が安定的な経営ができる事業なのかどうかにも疑問がある。事業そのものは有効だと思うが、筆者自身が関わってきた地域で言えば、これらの施設が閉鎖になっているところを目の当たりにし、その後なかなか増えていかない現状があるように思う。

（2）近年の実態・ニーズ調査

　先の策定準備についての資料では、厚労省が求めている「実施いただきたい調査」は「介護予防・日常生活圏域ニーズ調査」および「在宅介護実態調査」である。いわばこれは必須の調査ということになろう。また「実施を検討いただきたい調査」として、サービス提供体制を検討するための各種実態把握調査、「在宅生活改善調査」「居所変更実態調査」「介護人材実態調査」をあげている。在宅生活の継続という観点からのビジョンを設定・検討している市町村は、本調査が住み慣れた地域での生活を支えるうえで有効な定期巡回ホームヘルプサービス、小規模多機能や看護小規模多機能など、地域密着型サービスのニーズの把握につながるものとして「検討いただきたい」、としている。（老健局介護保険計画課 2022：23）

（3）介護予防・日常生活圏域ニーズ調査

　「介護予防・日常生活圏域ニーズ調査」は、保険者（自治体）が、一般高齢者、介護予防・日常生活支援総合事業対象者、要支援者を対象に、日常生活圏域ごとに、地域の抱える課題の特定（地域診断）に資することなどを目的として実施する。からだを動かすこと、食べること、毎日の生活、地域での活動、たすけあい、健康などに関する項目を調査するものである。過去の「一般高齢者調査」に該当するだろう。複雑化する調査活動に応じて詳しい手引き書が用意されている。次期計画である「第9期介護保険事業（支援）計画の作成準備について」から、近年の調査票の変化をみていく。

　「介護予防・日常生活圏域ニーズ調査」では、第 6 期計画においては 96 問という膨大な質問数であったものが、第 7 期には、必須項目 33 問（見える化への登録、地域診断の活用を想定）、オプション項目 30 問となり、必須項目は 3 分の 1 程度に縮減された。8 期、9 期は、必須項目 35 問、オプション 29 問となり、必須項目は若干増えた。

　5 期、6 期での日常生活圏域ニーズ調査の質問項目の多さは、筆者の記憶でも際立っていた。実際、高齢者はこの調査票を記入するのにどのくらいの時間がかかるのか、という高齢者の負担の問題が一つにはあった。高齢者自らだけでなく家族や福祉関係者が聞き取りながら記録していくことも多かったろうが、当時のある会議で、「泣きそうになりながら書いた」という家族の話や、聞き取りをしたが、高齢者も疲れてしまいまともには答えてくれなかったという福祉職の話もきいた。鹿児島県との会議でも、この点を指摘した記憶もある。これは高齢者への過重な負担の点から、また信頼あるデータ取得という点から問題があると言える。そして本来は、市町村福祉計画は、まずその地域の高齢者ニーズ把握に努めるべきであり、これでは市町村独自の項目を設定することが難しくなる。

　国が関心をもつ事柄について、実態把握がしたいのであれば、抽出調査等によって全国や都道府県レベルでの実態をはかることはできるはずだ。質問項目の例示は、市町村にとっても有効であると考えるが、その採用はあくまで市町村が行うことであり、国が全国的なデータを把握したい目的でこれを利用するのは、制限されるべきではないかと当時思ったものだった。ちなみに、1993（平成 5）年の最初の老人保健福祉計画策定のための高齢者ニーズ調査票では問いは 15、ただし、サブクエスチョンが用意されているので、これらを問いとしてみると、29 ほどの問いがあることになる。それでも現在のものよりは少ない。

（4）見える化システム

　第 7 期から導入された「見える化」システムは、都道府県・市町村における介護保険事業（支援）計画等の策定・実行を総合的に支援するための情報システムとされ、介護保険に関連する情報をはじめ、地域包括ケアシステムの構築に関する様々な情報が本システムに一元化され、かつグラフ等を用いた見やす

い形で提供される。このシステム利用の主な目的は、次の 3 点で説明されている。

○地域間比較等による現状分析から、自治体の課題抽出をより容易に実施可能とする

○同様の課題を抱える自治体の取組事例等を参照することで、各自治体が自らに適した施策を検討しやすくする

○都道府県・市町村内の関係者全員が一元化された情報を閲覧可能となることで、関係者間の課題意識や互いの検討状況を共有することができ、自治体間・関係部署間の連携が容易になる[24]

　「介護保険事業（支援）計画策定のための地域包括ケア『見える化』システム等を活用した地域分析の手引き」では、「地域分析の意義」がまず述べられ、「介護保険制度には、全国一律の基準による要介護認定など市町村間の差を抑制し適正化を図る仕組みがある一方で、高齢化の状況、地理的条件、独居等の家族構成など地域差を必然的に生じさせる要素もあり、地域実情を踏まえ、保険者として目指す方向性に沿った状況となっているかどうか、不断に検証することが求められて」（老健局介護保険計画課 2017：2）いるとしている。

　そこで地域分析としては、「認定率」や「受給率」などの全国平均に比べての差を問題にする。全国平均値そのものが「正常な状態」であるとすることは必ずしもできないのであるが、自治体担当者は、平均より高いか低いかでその理由を求められ、高い場合は、それが今後の施策の展開において、ポイントの一つとなってくるだろう。最終的には「各市町村の計画作成委員会で、地域ケア会議で把握された地域課題、地方自治体独自の調査や上記で掲げた各種調査の結果、そして地域包括ケア『見える化』システムを活用した地域間比較等による現状分析等を踏まえ、地域の関係者を交えて十分な議論」（老健局介護保険計画課 2017：3）を行うことが必要とされている。

24　この 3 点については、鹿児島市ホームページからの引用である。更新日 2022 年 7 月 26 日
　　https://www.city.kagoshima.lg.jp/kenkofukushi/choju/kaigohoken/mieruka_syomu.html

（5）「実績踏襲型」から「ビジョン達成型」

　基礎調査と計画との関係やあり方についても1993（平成5）年度中作成の初期の「老人保健福祉計画」と同様あるいはそれ以上丁寧な手引き書が用意されている。9期計画を念頭においた手引き書（三菱UFJリサーチ＆コンサルティング作成「介護保険事業計画における施策反映のための手引きについて」）25 では、介護保険事業計画の「計画作成プロセス」について「実績踏襲型」から「ビジョン達成型」を求めている。従来は、「見込み量の推計」をもとに、現在のサービス利用が今後も続くと仮定する「自然体推計」を基本としており、これはいわば、過去の実績を踏襲する「実績踏襲型」と言える。しかし過去の利用実績を踏襲した「サービス提供体制」を今後も同様に構築していくことは、地域がめざすビジョンの達成につながるとは限らない。地域が目指すビジョンを達成するための見込み量の設定に向けては、まずは地域が目指すビジョンを明確化し、その達成を見据えたサービス提供体制の構築方針を検討したうえで、「自然体推計に基づく見込み量を修正すること（施策反映）」が必要（三菱UFJリサーチ＆コンサルティング2022：1）と述べる。ただ、ビジョンが見込み量の変更を伴うものかどうかはビジョンの内容によるものであろうから、この指摘の真意はどこにあるのだろうか。見込み量を自然体推計より少なく見込む方向に持っていこうとすることか。

　手引きの第2章「『ビジョン達成型』の事業計画の作成プロセス」では、五つのステップが考えられている。

　「**Step1　地域が目指すビジョンは？**」では、ビジョンは前期計画の地域目標（基本理念など）やこれまでの調査結果などを参考に、まずは庁内において案を作成した後に、事業計画作成委員会など、地域の多様な関係者が集う場で検討することが考えられるとする。また本手引きでのビジョンは、大目標と中目標の2段階とし、さらに中目標ごとに、参照指標が設定される。「参照指標」は、「ビジョン（中目標）」の進捗を図るための指標であり、計画作成時の調査等を通じてその実態を把握するとともに、次期計画の作成に向けて再度その実態を

25　これは、2019年3月三菱UFJリサーチ＆コンサルティング作成の「介護保険事業計画における施策反映のための手引き─目指すビジョンを達成するためのサービス提供体制の構築」をかいつまんで解説している、第9期介護保険事業計画作成に向けた各種調査等に関する説明会での資料5である。

調査するものである。したがって、アンケート調査や統計指標など、継続した
モニタリングが可能な指標を設定することが必要とされる。

　例示として、中目標を「本人の生活の継続性の確保―要介護者が、住み慣れ
た地域・住まいで、暮らし続けることができている」「家族等介護者の就労継続
―家族等介護者が、今後も就労を継続していくことについて、安心感を持つこ
とができている」「介護人材の確保―住み慣れた地域・住まいでの要介護者の生
活を支えていくために、必要な人材が確保できている」としている（三菱UFJ
リサーチ＆コンサルティング 2022：19）。

　「Step2　議論を通じて方針を明確化すべき検討事項は？」では、検討事項の
一つを「在宅生活の維持が難しくなっている人の生活改善のために、必要な機
能を持つ支援・サービスは何か？」と設定する。「検討事項」に対して関係者間
の議論で出された方針が、STEP4の「サービス提供体制の構築方針」となるの
で、「目標と参照指標」を達成するために、「何が必要か？」を問うものとして
適切に設定する。

　「Step3　把握すべき地域の実態は？」では、「在宅生活の維持が難しくなっ
ている人」の実態とその要因、および改善のために必要な支援・サービスを調
査・把握する。

　「Step4　サービス提供体制の構築方針は？」では、調査結果や関係者間での
議論等を通じて、「在宅生活の維持が難しくなっている人の生活改善に必要な
サービス」を検討し、サービス提供体制の構築方針を明確化する。このなかで
は、地域密着型サービスの整備促進などを求めている。

　「Step5　計画策定後に行う確保方策は？」は「計画実行の段階」と言えるが、
「在宅生活の維持・改善」のために必要なサービス提供体制を確保するための取
組の実施やモニタリングを行う。再度、地域の実態把握を行い、「現在のサー
ビス利用では、生活の維持が難しい人の割合」などの参照指標をみながら、サー
ビス提供体制の構築方針を見直す（三菱UFJリサーチ＆コンサルティング
2022：6-8）。

　「住み慣れた地域・住まいで、暮らし続けることができている」状態とは、例
えば「できるだけ居所を変更することなく、暮らし続けることができている」
状態とする（三菱UFJリサーチ＆コンサルティング 2022:11）。ともすると、利

用者の体の変化に応じて居場所が変わっていくことが多いが、居場所を変えないで支援を行うという話である。ではどうするのか、実績踏襲型で特養に対するニーズをそのまま量として把握することは、特養待機者をうむし、要介護者の居場所の変更を伴うことにもなるので、特養の機能的代替物を考えることで、居場所を変えないまま支援ができる。それらは、「その他の施設・居住系サービス」や「サービス付き高齢者向け住宅」「住宅型有料老人ホーム」などであり、また「定期巡回・随時対応型訪問介護看護」「小規模多機能型居宅介護」「看護小規模多機能型居宅介護」のサービスを含めた在宅サービスの「機能の強化」により重度の要介護者の在宅生活を支えていくということになる。最初に述べた国の施策の論点である。

　ここまでくると、「実績踏襲型」から「ビジョン達成型」というのは、福祉計画づくりの理論モデルというよりは、サ高住や有料老人ホームの居宅を進めて、定期巡回の訪問介護や小規模多機能施設の利用を促進することで、特養待機者等を解消しようとする施策の一つということになるようだ。

　手引きでは、計画策定における各種調査の活用も詳細に述べられている。

　ちょっと気になるのは、介護保険は、要介護者の状態像に沿って、在宅ケアから施設ケアへの展開が想定されている。環境的な条件にもよるだろうが、要介護3あたりから施設ケアでの対応が多くなってくるのだろう。大目標の「重度な状態になっても住み慣れた地域で自分らしい暮らしを最後まで続ける」とは、一体誰の意向だろうか。少なくとも要介護者や介護家族には、どこで支援を受けるべきかについての選択権があるのが介護保険だろう。議論が起こるのは、実際にそれが社会資源との兼ね合いでどの程度達成できるかという問題だろう。「要介護者が、住み慣れた地域・住まいで、暮らし続けることができている」という命題は当然ながら、それが要援護者にとって心地いいもの、安寧をもたらしてくれるものという前提がある。同時に地域に住む人たちが、必ずしも住み慣れていない人たちも含んでいること、そのなかで支援は多様なものであることを留意しなければならないだろう。

　計画づくりの中では、例えば、「こういう人材をつくろう」とはじめに理念を考え、そのためにはこのようなプログラムが必要だという形でプランが作られるものと、問題を解決するための方策を効果的に行っていくというものがある。

これまで市町村の福祉計画に関わってきた経験で言えば、理念として考えられるものは、実態を踏まえて、最終的につくりあげられるものが多かったように思う。理念は、基本的には、抽象度が高く、そこから具体化される項目は出しにくいものだ。だから個々の課題等をまとめあげていくなかで、徐々に抽象度を上げていくものではないだろうか。それは質的研究の中で、カテゴリーや概念が見出され、最終的に中核的カテゴリーが導き出されるのに似ている。

また仮に「なぜ人材は集まらないのか」「なぜ小規模多機能は増えない」などの実態があったとしても、これは自治体レベルでは議論しにくい問題であり、国の施策に関わる問題だが、このPDCAサイクルは、国の施策へのフィードバックは十分ではない。

（6）詳細な手引き書に自治体はどこまで対応できるか

介護保険事業計画においては詳細な計画策定のための手引き資料等、膨大なものが示されている。

しかしビジョン策定を踏まえても、自治体の作る策定は初回はともかく、それ以降は、前回計画をベースにおきながら、それに制度の変更点などを付け加える形で、計画策定が行われているのが、実情ではないかと思う。丁寧な手引き書は、市町村の計画策定の質の向上を導くかもしれないが、複雑すぎて、これまで以上に手間のかかるものに映るのではないか、結果的にコンサルタント等に依存する比率が高くなり、ますます自治体が責任をもった計画づくりからは遠ざかることになりはしないか。

すでに障害福祉計画策定については、3年を1期とする計画の多い行政福祉計画に対して見直しを求める声が出ている。[26]

（7）全国データの活用

三菱UFJリサーチ＆コンサルティング（2020）がまとめた「全国の在宅介護実態調査データの集計・分析結果（概要版）」では、在宅介護実態調査を実施

---

[26] 地域包括ケアシステムのあり方をふくめた、こうした議論は、介護保険が本来テーマにもっている範囲を大きく超えており、高齢者の健康そのものにつながっている。それは、本来なら高齢者保健福祉計画のなかで、議論すべき問題であるだろう。

し、国から提供された「自動集計分析ソフト」を使用した自治体（430 自治体から提供を受けた 146,649 件）を対象に分析を行っている。

　「本資料は、全国の市区町村等で実施された『在宅介護実態調査』のデータを収集し、全国規模での集計、および人口規模別の集計・分析を行ったものであり、全国の自治体における第 8 期介護保険事業計画の策定において、参考として活用して頂くことを目的とした資料として整理しています」（三菱 UFJ リサーチ＆コンサルティング 2020：2）とある。

　全国動向を調査したデータを使って人口規模別データとして 4 区分がされており、人口規模によって、当該自治体と比較することもできるとしている。また、活用のイメージ①で「Ⅲ　試行調査は都市部対象で参考にならないとのお考えの自治体」と銘打って、人口規模別集計の傾向に大きな違いは見られなかったとし、都市部以外でも参考になると述べている。データのこうした活用はぜひ行っていくべきことであるが、いくつか気になった点もあった。ここにいう人口規模別とは、人口「5 万人未満」「5 万人以上 10 万人未満」「10 万人以上 30 万人未満」「30 万人以上」の 4 区分のようである。都市部以外の自治体をどのくらいと見ているのかわからないが、この区分でいくとおそらく 7 割の自治体は 5 万人未満に区分されるだろう。30 万人以上の自治体は、5％程度でないかと思われる。他方で人口が 1 万人未満の自治体は 545、全体の 3 割ほどある。千人未満の自治体でも 37 くらいあるはずである（2022 年現在）。

　人口 5 万人未満のくくりで、大都市と変わりませんと言われても、どれだけ参考にできるだろうか。5 万人未満の自治体をもう少し区分する必要があったのではないか。

2．障害福祉計画の現在

（1）計画策定期間についての議論

　社会保障審議会障害者部会（第 132 回、2022 年 6 月 13 日）資料 2 によれば（厚生労働省社会・援護局障害保健福祉部企画課）、第 7 期障害福祉計画・第 3 期障害児福祉計画の期間は 2024（令和 6）年から 2026（令和 8）年の予定であるので、計画は 2023（令和 5）年度中に作成されることになる。しかし、計画

期間を巡って議論が出ているようである。

　経緯として、「『地方公共団体は、国の基本指針に即して障害（児）福祉計画の策定を行うこととされているが、国の基本指針で定められた計画期間が3年間と短いため、現行の計画の検証が不十分なまま次期計画の策定に着手している実態がある。このため、障害者及び障害児関係の計画について、計画期間を延長し、PDCAサイクルをまわすために十分な時間を確保する』よう提案があった（年数としては、5年もしくは6年を希望）」（社会・援護局障害保健福祉部企画課 2022：4-5）とのことである。

　地方自治体からこうした声がでることは至極当然と言わざるを得ない。老人保健福祉計画に始まる自治体の福祉計画は、その計画の数も増加し、当初5年を1期としたものが、3年が1期となったり、それまで任意や努力義務であったものが義務計画になり、また内容的にもかなり複雑多岐にわたるなかで、自治体が担う負担は膨大になりつつある。その意味でこの問題は、障害福祉計画ばかりでなく、他の福祉計画においても言える点である。[27] 社会保障審議会での議論も踏まえ、2022（令和4）年中に結論を得るとこの時点ではされている。

　おそらく、3年を1期としている障害福祉計画や介護保険事業計画などは、6年を1期として、3年目を中間見直しの時期と考え、小幅な修正にとどめるような方向性が今のところはいいのではないか。

　また障害者総合支援法第88条の二（児童福祉法第33条の21）において、「市町村は、定期的に、（中略）調査、分析及び評価を行い、必要があると認めるときは、当該市町村障害（児）福祉計画を変更することその他の必要な措置を講ずるものとする」とされていることを基本指針において明確化することがとりあげられている。この点は、他の計画にも共通するところであり、定期的な調査、分析、評価は中間点でも行う必要があろう。

　第6期計画の基本指針の見直しの主なポイントとしては以下の点が考えられている。

・地域における生活の維持及び継続の推進
・精神障害にも対応した地域包括ケアシステムの構築

27　こうしたことが過度なコンサルタントへの依存や、形式的な計画書の作成等につながっているのではないか。

・相談支援体制の充実・強化等
・障害福祉人材の確保
・福祉施設から一般就労への移行等
・発達障害者等支援の一層の充実
・障害者の社会参加を支える取組
・「地域共生社会」の実現に向けた取組
・障害児通所支援等の地域支援体制の整備
・障害福祉サービス等の質の向上

　また成果目標として、①施設入所者の地域生活への移行、②精神障害にも対応した地域包括ケアシステムの構築、③地域生活支援拠点等が有する機能の充実、④福祉施設から一般就労への移行等、⑤障害児支援の提供体制の整備等、⑥相談支援体制の整備等、⑦障害福祉サービス等の質の向上があげられている。

　ここに示される基本指針は、おおまかなビジョンや理念というにとどまらず、例えば、①施設入所者の地域生活への移行では、「地域移行者数：R元年度末施設入所者の6％以上」、「施設入所者数：R元年度末の1.6％以上削減」が掲げられている。この目標は、国がこれこれの目標を掲げたということではなく、市町村作成の障害福祉計画および障害児福祉計画に求めたものである。それぞれ事情の異なる市町村に対して一律にこうした削減目標等を求めているのである。（社会・援護局障害保健福祉部企画課 2022：14）

（2）障害福祉計画策定に係る実態調査及びPDCAサイクルに関するマニュアルについて

　障害福祉計画策定過程についても手引きのようなものは存在する。2020（令和2）年3月に出された「障害福祉計画策定に係る実態調査及びPDCAサイクルに関するマニュアル」である。

　厚生労働省社会・援護局障害保健福祉部企画課は、各都道府県障害保健福祉担当課担当者宛に、令和2年5月に「『障害福祉計画策定に係る実態調査及びPDCAマニュアル』について」とする通知を出している。このマニュアルは大きく二つの部分に分かれ、前半は、社会調査の手法そのものについて、そして後半は、PDCAサイクルについて述べられている。おおむね前半の内容は、一

般的な社会調査の手法についての解説が多いが、特徴としては、「計画の策定の際、障害者等の実態を把握している自治体では、障害当事者や障害者団体等に対して、アンケート調査や<u>ヒアリング調査</u>を実施することにより障害者等の実態を把握しています」とヒアリング調査にも言及している。（社会・援護局障害保健福祉部企画課障害計画係 2020：2）

1）アンケート調査とヒアリング調査

　調査目的は、第一義的には、「将来のサービス見込量を推計する」ことにあるようだ。「例えば、サービスの利用実績がサービスの見込量を下回っておりその要因を把握したい場合であれば、現在、障害者手帳を所持しているがサービスを利用していない方に対してサービスの利用意向等を確認する調査項目を設けることや、福祉施設等の入所者の地域生活への意向を確認したい場合には、調査の項目として今後地域で生活する意向がどの程度あるかを確認する項目を設けることが考えられます」（同上：3）とある。

　調査対象者の設定では、「調査を実施している自治体では、主に身体障害者手帳・療育手帳・精神障害者保健福祉手帳の所持者を対象として調査が行われています。また、現在支援を受けている方だけではなく、今後支援を希望する可能性のある方のニーズを把握するため、手帳所持者以外にも工夫をして調査を行うことも重要です」として、「特別支援学校等の協力を得て障害児を対象に調査を行うことや、障害者団体等の協力を得て難病患者や発達障害者、高次脳機能障害者の方を対象に調査を行う等」を紹介している。

　将来のサービス見込み量の推計については、「過去の実績値を基にして算出することが一般的」であるとし、算出方法については、①過去のサービス量実績の変化率の平均を用いたサービス見込量推計の方法と、②人口当たり利用率を用いたサービス見込量推計方法を提案している。その上で、「実績値に基づくサービス見込量を算出した上で、アンケート調査結果を参照し、最終的なサービス見込量を検討する方法」について説明している。

　ヒアリング調査は、アンケート調査で把握することが難しい内容を把握する場合や、母集団の総数が不明又は対象者の抽出が難しい場合に、主にアンケート調査を補完するものとして実施されているとし、「ヒアリング調査を実施している自治体においては、発達障害者や高次脳機能障害者の方等に対し、障害者

団体等を通じて行っている事例」（社会・援護局障害保健福祉部企画課 2022：14）を紹介している。

　またヒアリング調査の活用について「ヒアリング調査の結果は、施策上の課題点を得られ、それらを踏まえて新規施策の検討や既存施策の見直し拡充などに活用できること。また、アンケート調査では把握しきれない内容について、より詳細な課題やニーズを把握することができることから、アンケート調査結果を補足する情報としても活用」（社会・援護局障害保健福祉部企画課 2022：15）できるとしている。[28]

２）PDCAサイクルについて

　基本的には、国が決めた「基本指針」がおりてきて、これに即してPlan計画が立てられ、Do実行され、Check評価され、Act改善が求められ、それが次のPlanへつながっていくというプロセスであり、基本指針にフィードバックされるという形にはなっていない。自治体にとっては、この基本指針は、自治体内でつくるものという取り扱いではない。

　PDCAサイクルを各種福祉計画にあてはめるとき、どうも議論できない問題がいくつかある。一つには、こうした基本指針の自治体内での議論の問題であり、これは介護保険事業計画においてビジョンとして提示された部分である。もう一つは、実態把握の部分、いわゆるアセスメントの部分が反映されにくいというところだ。議論のなかでは、将来推計をみる場合に、現状のニーズやサービス提供体制を見ながら、計画が策定されるはずであるが、このサイクルイメージにはそれが反映されにくいのである。

28　介護保険事業計画策定においても施策反映のための手引きでは、インタビューやグループインタビューの援用が推奨されている。（三菱UFJリサーチ＆コンサルティング 2022：8）

障害福祉計画・障害児福祉計画における PDCA サイクルイメージ

基本指針

・障害福祉計画・障害児福祉計画策定に当たっての基本的考え方及び達成すべき目標、サービス提供体制に関する見込量の見込み方の提示

計画（Plan）

■「基本指針」に即して成果目標及び活動指標を設定するとともに、障害福祉サービスの見込量の設定やその他確保方策等を定める。

改善（Act）

■中間評価等の結果を踏まえ、必要があると認めるときは、障害福祉計画の見直し等を実施。

実行（Do）

■計画の内容を踏まえ、事業を実施する。

評価（Check）

■成果目標及び活動指標については、少なくとも 1 年に 1 回その実績を把握し、障害者施策や関連施策の動向も踏まえながら、障害福祉計画の中間評価として分析・評価を行う。

■中間評価の際には、協議会等の意見を聴くとともに、その結果について公表することが望ましい。

■活動指標については、より頻回に実績を把握し、達成状況等の分析・評価を行うことが望ましい。

図 4-1　障害福祉計画・障害児福祉計画における PDCA サイクルイメージ（社会・援護局障害保健福祉部企画課 2020：28）

3．市町村地域福祉計画の現在

（1）重視される視点

　厚労省のホームページ上では、まず 4 点にわたって「地域福祉計画」のポイントについて述べられている。(https://www.mhlw.go.jp/stf/seisakunitsuite/bunya/hukushi_kaigo/seikatsuhogo/c-fukushi/index.html)

　①まず、地域福祉計画が 2000（平成 12）年 6 月の社会福祉事業法改正で社会福祉法に新たに規定された事項であること、②地域福祉計画は、地域福祉推進主体である地域住民等の参加を得て、地域生活課題を明らかにするとともに、その解決のために必要となる施策の内容や量、体制等について多様な関係機関や専門職も含めて協議の上、目標を設定し、計画的に整備していくことを内容

とするものであること、③策定が2018（平成30）年4月より、任意とされてい
たものが、努力義務となり、「地域における高齢者の福祉、障害者の福祉、児童
の福祉その他の福祉の各分野における共通的な事項」を記載する、いわゆる「上
位計画」として位置付けられた点、そして④として、「包括的な支援体制の整備
に係る事業に関する事項」が計画に盛り込むべき事項として新たに追加される
点が示される。

　2021（令和3）年3月には、都道府県知事等宛てに、通知として、「地域共生
社会の実現に向けた地域福祉の一層の推進」が求められている。

　他の計画との違いとしては、特に計画の主体として住民参加が掲げられてい
る点、また具体的なサービスメニュー等の数的なニーズや資源についての記述
が比較的抑えられている点、行政や専門職と地域住民やその他社会的団体との
合意形成という点に重きが置かれている点と言えるが、またその内容も総合的
なものである。

　地域福祉計画の社会福祉法上の位置づけは以下の通りである。

表4-1　地域福祉計画の社会福祉法上の位置づけ

第107条（市町村地域福祉計画）
市町村は、地域福祉の推進に関する事項として次に掲げる事項を一体的に定める計
画（以下「市町村地域福祉計画」という。）を策定するよう努めるものとする。
一　地域における高齢者の福祉、障害者の福祉、児童の福祉その他の福祉に関し、
　　共通して取り組むべき事項
二　地域における福祉サービスの適切な利用の推進に関する事項
三　地域における社会福祉を目的とする事業の健全な発達に関する事項
四　地域福祉に関する活動への住民の参加の促進に関する事項
五　前条第1項各号に掲げる事業を実施する場合には、同項各号に掲げる事業に関
　　する事項
2　市町村は、市町村地域福祉計画を策定し、又は変更しようとするときは、あら
　　かじめ、地域住民等の意見を反映させるよう努めるとともに、その内容を公表す
　　るよう努めるものとする。
3　市町村は、定期的に、その策定した市町村地域福祉計画について、調査、分析
　　及び評価を行うよう努めるとともに、必要があると認めるときは当該市町村地域
　　福祉計画を変更するものとする。

（2）策定率

　地域福祉計画は先にも述べたが、はじめは任意な計画として出発したため、県や市町村には策定をしていないところも数多くあった。地域福祉計画の策定率は、以前、例えば 2018（平成 30）月 4 月 1 日で策定済みは 75.6% であったが、2022（令和 4）年 4 月 1 日現在では、市町村地域福祉計画の策定率が 84.8% である。努力義務規定となり策定率もあがっている。（社会・援護局地域福祉課地域共生社会推進室 2022）

（3）地域福祉計画のあるべき姿

　地域福祉計画がプロセスを重視し、住民参加や総合性を強調する点は理解できるが、具体的な内容やテーマをどうするかについては当初は「福祉サービスの適切な利用推進」「社会福祉事業の健全な発達」、そして「住民参加」の 3 点が述べられているだけだった。ただ、社会保障審議会福祉部会「市町村地域福祉計画及び都道府県地域福祉支援計画策定指針の在り方について（一人ひとりの地域住民への訴え）」（2002 年 1 月 28 日）によれば、計画に盛り込むべき項目として、以下のような説明がある。

表 4-2　計画に盛り込むべき項目（平成 14 年）

（1）地域における福祉サービスの適切な利用の促進に関する事項 ○地域における福祉サービスの目標の提示 地域の生活課題に関する調査（いわゆる「ニーズ調査」）、必要とされるサービス量の調査、提供されているサービスの点検 福祉サービス確保の緊急性や目標量の設定 　なお、数値目標については、計画の内容を分かりやすくするとともに、その進捗状況を適切に管理する上で可能な限り客観的な指標を掲げることが望ましい。定性的な目標の場合にも、目標の達成の判断を容易に行える具体的な目標とすることが望ましい。 ○目標達成のための戦略 ア　福祉サービスを必要とする地域住民に対する相談支援体制の整備 福祉サービスの利用に関する情報提供、相談体制の確保 イ　要支援者が必要なサービスを利用することができるための仕組みの確立 社会福祉従事者の専門性の向上、ケアマネジメント、ソーシャルワーク体制の整備

ウ　サービスの評価やサービス内容の開示等による利用者の適切なサービス選択
　　の確保
エ　サービス利用に結びついていない要支援者への対応
孤立、虐待、ひきこもり、サービス利用拒否などの要支援者を発見する機能の充
実、ソーシャルワーク体制の整備、近隣の地域住民や訪問機会のある事業者などの
活動、福祉事務所の地域福祉活動等の充実・支援
○利用者の権利擁護
地域福祉権利擁護事業、苦情解決制度など適切なサービス利用を支援する仕組み等
の整備
（2）地域における社会福祉を目的とする事業の健全な発達に関する事項
○複雑多様化した生活課題を解決するため、社会福祉を目的とする多様なサービス
　の振興・参入促進及びこれらと公的サービスの連携による公私協働の実現
民間の新規事業の開発やコーディネート機能への支援
○福祉、保健、医療と生活に関連する他分野との連携方策
（3）地域福祉に関する活動への住民の参加の促進に関する事項
○地域住民、ボランティア団体、ＮＰＯ法人等の社会福祉活動への支援
活動に必要な情報の入手、必要な知識、技術の習得、活動拠点に関する支援
地域住民の自主的な活動と公共的サービスの連携
○住民等による問題関心の共有化への動機付けと意識の向上、地域福祉推進への主
　体的参加の促進
地域住民、サービス利用者の自立
地域の福祉の在り方について住民等の理解と関心を深めることによる主体的な生
活者、地域の構成員としての意識の向上
住民等の交流会、勉強会等の開催
○地域福祉を推進する人材の養成
地域福祉活動専門員、社会福祉従事者等による地域組織化機能の発揮
（4）その他
○その地域で地域福祉を推進する上で必要と認められる事項
市町村社会福祉協議会の基盤の整備強化等

　その後法改正とともに、2021（令和3）年3月31日での都道府県等向けの通
知「『地域共生社会の実現に向けた地域福祉の推進について』の改正について」
では、法改正にあわせ、①地域における高齢者の福祉、障害者の福祉、児童の
福祉その他の福祉に関し、共通して取り組むべき事項、②地域における福祉サー
ビスの適切な利用の促進に関する事項、③地域における社会福祉を目的とする

事業の健全な発達に関する事項、④地域福祉に関する活動への住民の参加の促進に関する事項、⑤包括的な支援体制の整備に関する事項、⑥その他（市町村社会福祉協議会の基盤の整備強化等）と詳細なテーマが列挙されている。

　②から④までと⑥は、内容的に多くは2002（平成14）年の「指針の在り方について」と重なっている（アンダーラインで示したところ）。また①のところと⑤は、新たに法改正により付け加わった部分であるが、例えば①の「地域における高齢者の福祉、障害者の福祉、児童の福祉その他の福祉」では、以下のような詳細な項目が示されている。

表4-3　計画に盛り込むべき事項（令和3年）

ア　様々な課題を抱える者の就労や活躍の場の確保等を目的とした、福祉以外の様々な分野（まちおこし、商工、農林水産、土木、防犯・防災、社会教育、環境、交通、都市計画等）との連携に関する事項
イ　高齢、障害、子ども・子育て等の各福祉分野のうち、特に重点的に取り組む分野に関する事項
ウ　制度の狭間の課題への対応の在り方
エ　生活困窮者のような各分野横断的に関係する者に対応できる体制
オ　共生型サービス等の分野横断的な福祉サービス等の展開
カ　居住に課題を抱える者への横断的な支援の在り方
キ　就労に困難を抱える者への横断的な支援の在り方
ク　自殺対策の効果的な展開も視野に入れた支援の在り方
ケ　市民後見人等の育成や活動支援、判断能力に不安がある者への金銭管理、身元保証人等、地域づくりの観点も踏まえた権利擁護の在り方
コ　高齢者、障害者、児童に対する虐待への統一的な対応や、家庭内で虐待を行った養護者又は保護者が抱えている課題にも着目した支援の在り方
サ　保健医療、福祉等の支援を必要とする犯罪をした者等への社会復帰支援の在り方
シ　地域住民等が集う拠点の整備や既存施設等の活用
ス　地域住民等が主体的に地域生活課題を把握し解決に取り組むことができる地域づくりを進めるための圏域と、各福祉分野の圏域や福祉以外の分野の圏域との関係の整理
セ　地域づくりにおける官民協働の促進や地域福祉への関心の喚起も視野に入れた寄附や共同募金等の取組の推進
ソ　地域づくりに資する複数の事業を一体的に実施していくための補助事業等を有効に活用した連携体制
タ　全庁的な体制整備

と16項目が列挙されている。厚生労働省の方で、あらたな法改正や新たな施策
展開、あるいは社会的問題として顕在化したものが出てくるとその都度、通知
等によって「地域福祉計画」に加え、その内容は肥大化しており、比較的作成
のハードルが低く、自由度が高かったように思えた「地域福祉計画」も複雑化
してきているように見える。さまざまな雑多な内容を一つの瓶に入れ、それに
「地域福祉計画」というレッテルを貼っただけのものなのか。地域福祉計画のよ
うに、「サービス見込み量の算定」を前提にしていないもの、あるいは曖昧なも
のは、評価の仕方等においても、曖昧にならざるを得ないが、しばしば、「プロ
セス志向」や「住民参加」が叫ばれるこの計画は、本来「地域福祉計画」とし
て位置づけることは適切であると言えるだろうか。介護保険事業計画や障害福
祉計画とはひと味違う計画として存在価値を認めるべきなのか。

4．ソーシャルワークにおける計画づくり

（1）コミュニティワークとプランニング―ロスマンのプランニング論

　ロスマン（Rothman, J.）は、コミュニティ・オーガニゼーションの三つのモ
デルを提示した研究者として有名である。それらは、「小地域開発モデル」「社
会計画モデル」そして「ソーシャルアクションモデル」といわれる。
　「小地域開発モデル」は、様々な人々が地域社会レベルで目的決定や行動に幅
広く参加することを通じてコミュニティの変化が最適に追求できることを前提
としている。「地域開発は、地域全体が、その積極的な参加および地域のイニシ
アチブへの可能な限りの依存を含め、経済的および社会的に進展できるような
条件を作り出すための過程と暫定的に定義できる」（Rothman 1987: 5）とする。
　「社会計画（ソーシャルプランニング）モデル」は、非行、住宅、精神保健等
の実質的社会問題に関する問題解決の技術プロセスを重視する。合理的で、意
図的に計画され、制御された変化が、本モデルにおいて中心的位置を占めてい
る。（Rothman 1987: 6）
　「ソーシャルアクションモデル」は、不利な立場にある人口集団の一部が、よ
り大きなコミュニティに対してリソースの増加またはより社会正義または民主
主義に従った処理をしっかりと要求していくために、おそらくは他者と提携し

ながら、組織化される必要があることを前提にしている。このモデルは、時に
大組織や地域社会の実践の中で基本的な変革を起こすことを目的とする
(Rothman 1987: 6)。

　ここでの「社会計画」のイメージは、客観的、科学的な専門家が事実収集を
し、分析を行いながら、社会問題を解決していくといった合理的なモデルと言
える。

　ロスマンは、この三つのモデルを実際のコミュニティ・オーガニゼーション
では混合的に使うことも示している。

　またプランニング・セオリーについての論文では、現代のプランニング・セ
オリーは、サイモン（Simon, Herbelt）の著作から始まり、そこでの立場を「合
理的意思決定理論」と呼んでいる。「プランニングとは、適切なルールとロジッ
クを使うことで、問題に関する知的な解決策が決定されるというプロセスと考
えられる」（Rothman 1985: 133）と述べている。

　ただし、「合理主義は、人が単一の価値観セット（一般的公共の関心）を持っ
ているか、互いに反感を持っていない複数の価値観を持っている場合に最も有
効に適用される」（Rothman 1985: 134）とも述べる。この点からは、合理主義
を背景にもつプランニングはいくつかの批判にさらされることになる。

　価値の不一致という点に関して、「合理主義は、テクノクラート（技術官僚）
としてのプランナーのイメージを投影したものであるとして、多くの人々から
批判されてきている。これは、プリントアウト（印字されたもの）に囲まれ、
モデル構築に没頭し、地域の政治状況とは離れた立場にたち、一般市民との接
触を持たない政策科学者あるいはシステムアナリストのイメージである。テク
ニカルガジェットを通じて、地域とは隔離された状態でプランナーが到達した
"ベスト"な解決法は、"不幸な人々"の意見を聴いたり同意を得たりすること
もなく、それらの人々に押し付けられるものと受け止められる」（Rothman
1985: 136）

　こうした点から、ハドソン（Hudson,Barclay）が構築したスキームを参照し
ている。それらは以下の四つのプランニングモデル「インクリメンタリズム」
「トランスアクティブ・プランニング」「アドボカシー・プランニング」「ラディ
カル・プランニング」である。

　「インクリメンタリズム」（incrementalism）は一般的には、増分主義などと訳され、公共政策は基本的には、「過去の施策」の延長であり、政策決定はこれを前提とした付加的で増分的な修正を行うべきというものである。（山口 2016: 184）ロスマンは、C. リンドブロム（Lindblom, Charles）に依拠し「プランニングの結果は、可能な限り合理的な判断ではなく、それぞれの支持者間の相互の調整による妥協によるものと考えるべきである」（Rothman 1985: 136）と述べている。この考えは、一般的にも政策決定の合理主義的モデルに対する批判として生まれたと言われる。

　「トランスアクティブ・プランニング」（transactive planning）は、「プランニングの影響を受ける人々は、プランニングの決定に大きく寄与する権利を有し、そのような能力を有していると仮定する。人々の生活で経験したことを、プランナーと市民の間の直接接触や対話を通じてプランの中に取り込む必要がある。このようにして、相互学習が生じ、それによりプラン策定に寄与し、互いに利益が得られるとする。成果物そのものの品質がプランニングで最も重要なものではない。むしろ、プランニングに参画する人々、あるいはプラニングの影響を受ける人々の生活の質が、検討すべき中心である」（Rothman 1985: 137）と述べる。ソーシャルワーク分野として、ロス（Ross, M.）とダンハム（Dunham, A.）の著作に言及している点も興味深い。これらの論者は地域組織化説の中でプロセス志向を強調している。

　「アドボカシー・プランニング」（advocacy planning）は、マイノリティや貧困者、権利を奪われた人々に焦点がある。「アドボカシー・プランニングの主な目的は、プランニング・セオリーを、社会的問題に対する中立的客観的なスタンスから、主導概念として、社会正義を規範的に支える方向へとシフトさせることであった」（Rothman 1985: 138）とする。

　「ラディカル・プランニング」（radical planning）には、二つの流れがあり、一つは理想主義的ではあるが、自立と相互扶助のプラグマティックなビジョンに導かれた自発的積極行動主義によるもの。もう一つは、社会をより大きな構造として見ており、マルクス（Marx, K.）の政治経済に対する見方の影響を受けているものである。（Rothman 1985: 138）

　もともとコミュニティ・オーガニゼーションの一つのモデルとして語られた

ソーシャルプランニングは、いわば合理主義に基づいて、科学的客観的な研究者に近いような専門家が、地域住民の関心とはかけ離れて作り上げていくイメージであり、それゆえ、ロスマンは、混合的な手法も提案していたのだろうと思うが、ソーシャルプランニングそのものの説明では、地域開発モデルに近い「トランスアクティブ・プランニング」やソーシャルアクションモデルにも近い「アドボカシー・プランニング」を採用している。プランニングそのものが、コミュニティ・オーガニゼーションの側面を内包していると言っているように思える。

　また、このようにみていくと、モデル的には介護保険事業計画や障害福祉計画は「インクリメンタリズム」に近く、地域福祉計画は、「トランスアクティブ・プランニング」に近いように思える。

　本来的には、介護保険事業計画や障害福祉計画には、より「アドボカシー・プランニング」の視点が強調されていいと思うが。

（2）計画を巡る福祉施策展開のプロセス

　ソーシャルワーク展開のうち本稿で議論しているのは、マクロレベルの福祉施策に関わる部分である。

　ミクロソーシャルワークにおいては、例えば①アセスメント、②援助目標の設定と援助計画の作成、③援助計画の実施、④事後評価、⑤アセスメントへのフィードバックあるいは⑤終結など、一連のプロセスを展開する。（岡本他編1990：30）

　筆者はかつて「理念・制度・施策と福祉実践の循環図式」（高橋1997：3）を展開したことがあるが、現在これにPDCAサイクルなどを加えて、「計画をめぐる福祉施策展開のプロセス」として以下のように、図式化を考えている。

　図では計画プロセスについて、社会福祉施策の実践の垂直方向に制度・施策と福祉実践の二つを立ててみることができる。制度・施策が決定すると、それが実際に実行される。しかし、それらのプロセスはダイレクトに実行されるというよりは、その媒介過程としての「計画プロセス」を通してである。他方、実践から施策への中には、「評価プロセス」が媒介される。

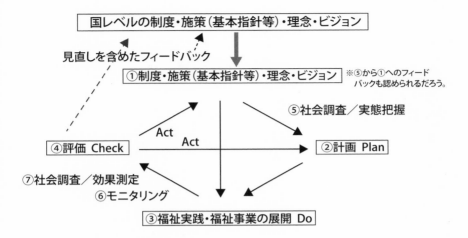

図 4-2　計画をめぐる福祉施策展開のプロセス

①制度・施策・理念・ビジョン

　計画をめぐる福祉施策の展開をどこから始めるかは、ケース・バイ・ケースだろうが、通常計画づくりの背景には施策の変更や改革、法律や条令の新設のような施策がある場合が多い。

②計画

　ミクロソーシャルワークの展開であれば、目標の設定や計画づくりの前提には、クライエントに対するアセスメントがくる。地域社会を対象にしたマクロなソーシャルワーク展開においても、アセスメントから目標の設定を行うという過程は共通している。この場合、アセスメントにあたるものには⑤社会調査等の手法による実態把握やニーズ把握がある。福祉計画においても計画に先立ってアンケート調査やヒアリング等を行う。そうした実態を踏まえながら、ビジョン等も検討することになる。

③福祉実践・福祉事業の展開

　ミクロソーシャルワークでは、介入（intervention）にあたる部分である。実際に計画を実施に移すところである。計画に盛り込まれたサービスや活動を実践にうつす。

④評価

　福祉実践が行われたなら、一定のところで実践についての評価が行われる。ミクロ実践であればあたりまえであるが、施策レベル、事業レベルでは、この評価がこれまで必ずしも十分行われてきていなかったように思う。この段階でも社会調査が行われるが、こちらは実態調査というよりは、計画に基づく実践が実際にどのように行われたか、それを住民はどう評価しているかなどの意味をもつ、いわば⑦「効果測定調査」ということになる。その途中には、経過をみる⑥モニタリングのプロセスを想定できる。

　こうした評価をふまえて、①施策や理念あるいは②計画が確認されたり、改変される契機となる。

　過去においては、現実の多くの計画づくりが、実践から評価へ、評価から制度・施策、あるいは理念・ビジョンへというフィードバックプロセスが十分でなかったような事例も見られた。計画が作られた段階で、活動が終わったかのようなものもあった。絵に描いた餅、金太郎飴など、さまざまな形容が福祉計画に対して浴びせられることもあった。福祉計画に限らず、多くの社会計画が図式の右半分の部分でしか議論されてこなかったところもあったのではないか。

　この図にPDCAサイクルをあてはめてみると、当然計画がPlan、福祉実践・福祉事業の展開はDo、評価はCheck、計画の再考がActにあたると考えられる。しかし、制度や理念のフィードバックは想定されないし、ソーシャルワークにおいては基本であるアセスメントの部分を表記できない。

　またおそらく国レベルのサイクルも考えられると思うが、国レベルの施策の展開がPDCAサイクルのなかで、どのように展開されているのか、あるいは先の図4-2の中でどのように展開されているかについては、想定できていない。

　点線矢印で示された点、市町村レベルのサイクルが国レベルの施策に反映されるプロセスは、なかなか見えない。過去に老人保健福祉計画において、「ボトムアップ」という言葉で、市町村計画策定の結果、それが国レベルの施策に影響を与えた点が指摘されたが、本来的には、これは「ボトムアップ」ではなく、あらかじめ想定されるサイクルの「フィードバック」プロセスのように思う。

　どのような施策においてもPDCAサイクルは、標準化した手法として用いら

れることが多くなったが、福祉計画を前提にすると、「P」の独立変数は何か、何から影響を受けるのかについて、単にActからの結果としてしか導かれない。ソーシャルワーク展開で「P」に影響を与えるものとしたら、それはアセスメントであり、施策的に考えると、理念やビジョンあるいは法律を考えることができる。そうした点からあえて循環図式を考えてみた。

（3）地方分権のなかのフィードバックプロセス
1）地方分権改革における提案募集方式、手挙げ方式の導入
　フィードバックプロセスは、国の提示する福祉計画のビジョンや施策の変更を求めたりすることを含んでいる。1995（平成 7）年 7 月に成立した「地方分権推進法」に基づき設立された分権推進委員会は、その後も継続的に、分権に関する議論を進め、第 1 次、第 2 次分権改革と 30 年近くも継続的に政策提言を行ってきている。2014（平成 26）年、地方分権改革有識者会議は、「個性を生かし自立した地方をつくる〜地方分権改革の総括と展望」と題す報告書を出し、地方分権のさらなる展開として、地方からの「提案募集方式」によって権限移譲または規制緩和に関する提案や「手挙げ方式」の導入を提案している。
　「手挙げ方式」は、権限移譲に当たっては、国と地方の役割分担の明確化の観点から、全国一律に行うことを基本としてきた。一方で、地域特性や事務処理体制等に大きな差があることから、全国一律の移譲では改革が進みにくいものもある。団体の発意に応じて選択的に委譲するという方式である。
2）効率的・効果的な計画行政に向けて
　2023（令和 5）年 2 月 20 日の第 52 回地方分権改革有識者会議・第 147 回提案募集検討専門部会　合同会議では、地方分権改革有識者会議ワーキンググループ（以下ワーキンググループと称す）による「効率的・効果的な計画行政に向けて（案）」が示されている。この文章の「はじめに」において、次のように述べられている。「我が国では、長い間、計画策定等を通じた行政が進められてきた。こうした計画策定等については、地方分権改革において一定の見直しが行われてきたが、平成 22 年から令和 2 年の 10 年間で法律により地方公共団体が策定主体とされる計画等の策定に関する条項数が、約 1.5 倍に増加している。地方公共団体においては、増加し続ける計画等に係る事務への対応に多大

な労力を要しており、計画策定等の見直しを求める提案が行われるに至った。人口減少社会において、限られた経営資源のもとで、必要な行政サービスの提供が求められる中、こうした計画策定等に係る事務は大きな負担となってきている。<u>地方公務員数はピークと比較し 15％減少しているが</u>、今後は生産年齢人口の減少に伴い、更に職員確保に支障が生じかねないところであり、負担の適正化は急務である」（地方分権改革有識者会議 2023：1）と。[29]

そして効率的・効果的な計画行政に向けたナビゲーション・ガイド案の作成及び報告のとりまとめを行っている。

ワーキンググループは、地域の負担については、第 2 次とりまとめを引用し、次のように述べる。

「近年は、法令で明確に義務付けてはいないものの、『努力義務』又は『任意』によって地方公共団体に計画等の策定を促し、場合によっては国庫補助金などの財政的なインセンティブを絡めることにより、国が地方を誘導しようとする手法が増加傾向にあり、計画策定等の負担が重くなっている」とした上で、「国が定める計画等の策定という手法に限らず、地方公共団体自らの工夫に基づく計画的な手法によることも可能であると考えられるため、具体的な実行手法は地方に委ねるよう、法令や政策実施の方法などの見直しを求めていくことが必要である。また、関連する複数の分野においてそれぞれ個別計画を策定するよりも、各計画の政策目的をつなぎ合わせて総合的な計画をつくる方が、効率的かつ複合的な課題の解決には有効であり、趣旨・目的が重複している計画や、時代の変化によって必要性が低下している計画等は、統廃合などの見直しを行っていくべきである」（同上：8）と見直しの必要性が訴えられている。

また小規模自治体での計画行政の課題として以下のように述べる。「リソース不足により、計画策定等に係る事務に充分な時間を確保することができず、計画等に紐づく財源の確保や非策定・未策定の団体としての公表を避けるため、国が作成した雛形や他自治体の例をほぼ踏襲している例がある。人口規模数百人の団体においては、政策の対象が少なく、計画等の策定をすることに意義を感じにくく、すぐに個別の施策を行うことが効果的である。こうした団体では、

29　ここに示された計画行政の課題は、筆者が平成 5 年以降、市町村の福祉計画をみていくなかで感じたものと重なる。

諸計画の統合が認められたとしても、統合のためには、計画等の記載事項、計画期間の調整などを行う必要があり、通常の業務と並行して実施することは非常に負担である」。(地方分権改革有識者会議 2023：10) [30]

　計画等の記載事項については、策定の主目的がテキストベースでなく一定の数値であれば、数値の記載のみを可能とすること、計画期間について地方公共団体にできる限り委ねること。策定作業及び国への提出時の審査において、相当な専門性が求められ、外部委託等をせざるをえないものもある点を指摘する。また提案書では、先進的取り組みとして計画の廃止、統合、簡素化の取り組みも紹介されている。

　フィードバックプロセスは、計画の廃止、統合、簡素化ばかりではないし、負担論だけでフィードバックプロセスを語るものではないとは思うが、こうした改革には大いに期待したいところである。

文献

厚生労働省老健局介護保険計画課（2022）「第 9 期介護保険事業（支援）計画の作成準備について」（第 9 期介護保険事業計画作成に向けた各種調査等に関する説明会資料 1 ）https://www.mhlw.go.jp/content/12301000/000971136.pdf（2023 年 5 月 6 日参照）

厚生労働省老健局介護保険計画課（2017）「介護保険事業（支援）計画策定のための地域包括ケア『見える化』システム等を活用した地域分析の手引き」https://www.mhlw.go.jp/file/05-Shingikai-12301000-Roukenkyoku-Soumuka/0000170568.pdf（2023 年 5 月 6 日参照）

三菱 UFJ リサーチ＆コンサルティング（2022）「5　介護保険事業計画における施策反映のための手引きについて」https://www.mhlw.go.jp/content/12301000/000971144.pdf（2023 年 5 月 6 日参照）

厚生労働省老健局介護保険計画課（2011）「第 5 期介護保険事業（支援）計画の策定に係る全国会議資料 5 」https://www.mhlw.go.jp/topics/kaigo/osirase/hokenjigyou/05/index.html（2023 年 5 月 6 日参照）

30　日本には、人口 1000 人未満（1 人以上）の自治体が 37（2.1%）あり、1000 人から 2000 人未満の自治体も 61 ある。つまり 2000 人未満の自治体は 98（5.6%）自治体ということになる。

三菱 UFJ リサーチ＆コンサルティング（2020）「全国の在宅介護実態調査データの集計・分析結果〔概要版〕」https://www.murc.jp/wp-content/uploads/2022/11/houkatsu_06_01.pdf（2023 年 5 月 6 日参照）

厚生労働省社会・援護局障害保健福祉部企画課（2022）「第 7 期障害福祉計画・第 3 期障害児福祉計画の計画期間等について」第 132 回令和 4 年 6 月 13 日社会保障審議会障害者部会資料 2　https://www.mhlw.go.jp/content/12601000/000949806.pdf（2023 年 5 月 6 日参照）

厚生労働省社会・援護局障害保健福祉部企画課障害計画係（2020）「障害福祉計画策定に係る実態調査及び PDCA サイクルに関するマニュアル」https://www.pref.tottori.lg.jp/secure/1210226/hontai1.pdf（2023 年 5 月 6 日参照）

厚生労働省社会・援護局地域福祉課地域共生社会推進室「地域福祉計画」https://www.mhlw.go.jp/stf/seisakunitsuite/bunya/hukushi_kaigo/seikatsuhogo/c-fukushi/index.html（2023 年 5 月 6 日参照）

厚生労働省社会・援護局地域福祉課地域共生社会推進室（2022）「市町村地域福祉計画策定状況等の調査結果概要（令和 4 年 4 月 1 日時点）」https://www.mhlw.go.jp/content/houkokusho1.pdf（2023 年 11 月 26 日参照）

Rothman, J. & Tropman, E.（1987）"Models of Community Organization and Macro Practice Perspectives: Their Mixing and Phasing", in Cox, F., Erlich, J., Rothman, J. et al.（eds.）, *Strategies of community organization: Macro Practice*, Peacock Publishers: 3-26.

山口顕秀（2016）「公共政策への政策評価からのアプローチに関する一試案」『中央学院大学法学論叢』30(1)：179-200

岡本民夫他編（1990）『社会福祉援助技術総論』ミネルヴァ書房

高橋信行（1997）「霧島町『老人福祉計画』の評価」鹿児島県地方自治研究所『自治研かごしま』62

内閣府（2023）「第 52 回地方分権改革有識者会議・第 147 回提案募集検討専門部会 合同会議 議事次第・配布資料」https://www.cao.go.jp/bunken-suishin/kaigi/kaigikaisai/kaigi52gijishidai.html（2023 年 5 月 6 日参照）

地方分権改革有識者会議（2023）「効率的・効果的な計画行政に向けて」https://www.cao.go.jp/bunken-suishin/kaigi/doc/kaisai52_shi_a_1.pdf（2023 年 5 月 6 日参照）

全国知事会地方分権推進特別委員会・地方分権改革の推進に向けた研究会（2020）「『地方分権改革の推進に向けた研究会』報告書」https://www.nga.gr.jp/item/material/files/group/2/201029_houkokusyo.pdf（2023 年 11 月 26 日参照）

第2部

故きを温ねて「地域福祉活動計画」

第 2 部の背景

　第 2 部として、社会福祉協議会が策定の中核を担う「地域福祉活動計画」について、これまで策定に関わった二つの事例を振り返りたいと考えた。めまぐるしく変化している福祉施策の中では、論文がいつ書かれたかは重要な問題であるので、以下にその点を示す。

　「姶良町社会福祉協議会あり方検討会の活動」は、『地域文化と福祉サービス―鹿児島・沖縄からの提案』の収容論文であるが、この書籍は 2001（平成 13）年 3 月に出版された。介護保険導入が 2000 年である。鹿児島国際大学附属地域総合研究所の機関研究「地域文化と社会福祉サービス―南九州・沖縄の実態を中心として」として 1998（平成 10）年度、1999（平成 11）年度の 2 年にわたる研究をまとめたものであり、8 人の研究者が参加し、筆者がチーフとなりすすめてきた。介護保険施行直前の社会福祉活動に焦点を置いているが、特にここでは社会福祉協議会の構造改革の実践例を研究した「姶良町社会福祉協議会あり方検討会の活動」を執筆している。ここに示すあり方検討会は 1999 年 4 月から始まり 2000（平成 12）年 3 月に終了したプログラムである。このプログラムを受けて、姶良町社会福祉協議会は、地域福祉活動計画の策定に入ったので、いわば計画前史ということになるが、この検討会なくしては地域福祉活動計画の策定はなかったと言える。筆者は検討会の委員長として関わった。

　「地域福祉活動計画と住民参加―隼人町地域福祉活動計画の軌跡―」は、隼人町社会福祉協議会が中心となって、1 年半にわたって四つの分科会を中心として展開され、策定された「隼人町地域福祉活動計画」の策定過程をたどりながら、住民参加の視点から評価を行っている。筆者は策定委員長としてこれに関わった。

　原稿は 2005（平成 17）年 9 月に鹿児島国際大学附置地域総合研究所機関誌「地域総合研究」に執筆掲載したものである。（地域総合研究所 2005）計画の策定準備期間は 2003（平成 15）年から 2004（平成 16）年の活動である。

　それぞれの活動は、いろいろな意味で介護保険を軸として地域福祉活動が変化してきた時代背景をもつ。あり方検討は、介護保険サービス開始直前、そし

て隼人町の活動は、介護保険サービスが開始されて 3 年が経過した時期のものであり、社会福祉基礎構造改革のなかで、措置から契約へという福祉原理の転換、競争原理の導入、地域福祉計画の提案などがなされた時期とも重なる。

　あり方検討会報告では、原稿において、今回、当時の南日本新聞の記事についての記述を付け加えた。この記事は、2002（平成 14）年 1 月から半年以上にわたって、「かごしま地域福祉 21 世紀」という特集が組まれたが、その第 1 部として、7 回にわたってあり方検討会の活動が紹介され、それがまたきっかけとなり、2003（平成 15）年より計画づくりへ参加することになった。

　つくづく思うことであるが、社協はすぐに目の前のことに夢中になり、歴史を忘れてしまう。

　なお、平成の合併により旧姶良町は現在は姶良市に、旧隼人町は霧島市になっている。

第**5**章

姶良町社会福祉協議会あり方検討会の活動

はじめに

　どの市町村にも必ず一つあり、二つ以上はないのが、社会福祉協議会である。ほとんどが社会福祉法人であるが、その成立から行政とのつながりが強く、行政の一部であるような認識をもつ住民も多い。ここでは、鹿児島県姶良町社会福祉協議会において実践された「姶良町社会福祉協議会あり方検討会」の具体的な活動事例を通して、市町村社会福祉協議会のもつ課題と今後の方向性を考える。筆者自身は、この検討会の委員長として全体の意見のとりまとめ、合同研修、地域福祉調査等に直接関わってきた。あり方検討の報告内容にこれらの経験を含め、ここでは論述している（町名・団体名、肩書などは原稿初出当時のものである）。

1．社会福祉協議会活動の今日的課題

（1）社会福祉協議会の歴史

　社会福祉協議会（社協）は地域福祉を直接、間接に実践する社会福祉法人であり、各市区町村から県、国レベルまで全国に網羅された民間社会福祉団体であるが、その成立から行政との結びつきの強い団体であった。社協の創設は、戦後、日本を統治していたGHQより1950（昭和25）年度において達成すべき厚生施策の主要目標及び期日についての提案がなされ、この中の一つに「社会福祉活動に関する協議会の設立」があったことによる。

　占領軍から要請を受けた旧厚生省は、社協の設立を取り急ぎ行った。1951（昭和26）年1月には中央社会福祉協議会が発足し、同年3月社会福祉事業法が公布されるに伴い、社協づくりが急ピッチで展開された。

　社協活動の理論的基礎とされていたものは、コミュニティ・オーガニゼーションという手法であるが、当時社協が行っていた事業としては、①社協ないし社会福祉の啓発宣伝、②部会設置と部会活動、③社会福祉従事者の教育訓練、④共同募金との連携等であった。当時社協の法的な位置付けは、全社協と都道府県社協のみであり、市町村社協の存在が謳われたのは、1983（昭和58）年社会福祉事業法の一部改正によってである。団体の連絡・調整及び助成、調査、普及宣伝等の事業を行うことが社協事業の中心と考えられ、また「地域の福祉に欠ける状態」の改善として、心配ごと相談事業や生活福祉資金の貸付などを行ってきた。（鹿児島県社協二十五年誌編集委員会 1979）

　しかし昭和40年代後半にはいり、社協は急速に在宅福祉への志向を強めていく。こうした社協の在宅福祉志向は、1990（平成2）年の福祉関係8法の改正によって法の上でも明確化されたと言える。その中で地域福祉の理念が謳われ、在宅福祉サービスが第二種社会福祉事業として位置づけられ、社協が事業の企画・実施主体であることが明確化された。法改正を受ける形で、社協要項も書き改められた。

（2）社会福祉協議会に求められる新たな期待―介護保険の導入と社会福祉法の成立

1）介護保険の導入

　介護保険を契機として、社協は新たな段階にはいったと言える。地域福祉、在宅福祉の時代と言われる中で、福祉サービスを入所施設の中で提供していくだけでなく、長年住み慣れた、地域社会の中で提供していくシステムづくりは、ノーマライゼーションの観点からも必要なことであったろうし、その中で社協に課せられた期待も大きなものがあった。具体的には、多くの社協が行政からの委託という形でホームヘルプサービス、入浴サービス、配食サービスといった在宅福祉サービスを実施していった。しかし介護保険は、民間参入の中で社協が事業者としてやっていけるのかという問題を突きつけた。社協は介護保険

事業者としての側面を表に出して活動を進めるのか、あるいは地域全体を俯瞰するような視点をもって介護保険から抜け落ちていくような諸問題に対して積極的に事業展開をしていくのか、あるいはそれらを、バランスをとって実施するのかの選択に迫られていたとも言える。もともと協議体としてスタートした社協にとって、経営組織としての基盤は必ずしも強いものとは言えなかった。そうした中で、新たに在宅福祉サービス事業の見直しを進めたり、一部撤退を始めたり、また新たな事業展開を模索する社協も出てきた。介護保険で自立と認定された人々への支援なども期待された。

２）社会福祉法における社会福祉協議会の位置付け

　社会福祉法成立によって、社協は、「地域福祉の推進を図ることを目的とする団体」として位置づけられ、また社協の新たな役割として地域福祉権利擁護事業や苦情解決などの福祉サービスの適切な利用を支援する役割が位置づけられた。加えて地域住民自身によるインフォーマル・サービスの促進支援、広域対応での事業を展開、公的な財源のみに依拠するのではなく、会費や寄付金等、自主財源の一層の充実を図るなどの期待も出てきた。

３）社協が抱える古くて新しい問題

　一方で、社協には、行政の下請けといったイメージ、会費の比率が低く、行政の補助と委託費が、その収入の主なものであること、理事会や評議員会組織が、必ずしも活発でないことなど、運営等をめぐって、古くからある体質的な問題があった。こうした問題が温存されたまま、社協は、時代に即応したさまざまな要求に応えなければならなかった。変化する時代の中で、市町村社会福祉協議会の在り方をもう一度考え、課題を洗い出し、ある種の処方箋を出していこうとしたのが、姶良町社会福祉協議会が行った、「あり方検討会」(1999)の試みである。

２．姶良町社会福祉協議会あり方検討会の創設

（1）姶良町社協のあり方検討会の発端

　姶良町社協には、いくつか象徴的な問題があった。例えば、社協会費が年間100円であり、予算としては、かなり少額のままであること。（鹿児島県の平均

が300円から500円程度であり、最近は、1000円、1200円というところもある
時代の中で）全体として100万円程度の会費徴収しかできていないこと、一方
で、特定団体に多額の補助を出していた時期があり、会費収入が100万円程度
しかないというのに100万円も補助を出しているのはどうしたものかなどの疑
問の声があがっていたり、行政の天下り人事の弊害が議論されたこと。また介
護保険への体制づくりも整わず、介護支援専門員の確保ができていなかったこ
となどである。こうした課題があるなか、あり方検討会は、構成メンバー7名
で平成11（1999）年4月に発足した。あり方検討会の活動は、別表の通りであ
る。31

表5-2 あり方検討会会議内容 1999（平成11）年

月 日	内 容
4月17日	これまでの姶良町社協の抱える問題
5月15日	理事、評議員の質と量 会長、会費について
6月19日	姶良町における地域福祉調査 姶良町社協職員研修について S町社協視察について
7月31日	姶良町社協職員研修について 地域福祉調査について
8月 9日	S町社協研修
9月22日	姶良町社協職員研修について 姶良町社協事業についての具体的提言 地域福祉調査（アンケート）結果について
9月23日	職員研修
9月24日	職員研修

---

31 委員の構成メンバーは、以下の通りである。（身分は当時のもの）

表5-1 委員会構成メンバー

氏 名	役職名	備 考
高 橋 信 行	鹿児島経済（国際）大学社会学部教授	◎委員長
伊 東 安 男	姶良町社会福祉協議会副会長（建昌福祉理事長）	
竹 内 和 夫	姶良町民生児童委員総務	
福 田 正 道	鹿児島県社会福祉協議会地域福祉部副部長	
米 倉 徳 博	姶良町福祉課高齢者福祉係主任主査	
中 島 則 秋	姶良町社会福祉協議会事務局長	
折 田 浩 二	姶良町社会福祉協議会福祉活動専門員	

10月 5日	職員研修
10月17日	始良町社協職員研修で出た意見・要望について
11月13日	地域福祉調査（アンケート）結果について 職員研修のあり方と今回の研修について 社協事業の現状と課題
12月23日	あり方検討の素案のチェック
1月24日	各団体への補助金説明と各団体からの意見
2月 5日	始良町社協の歴史について 素案の修正

（2）あり方検討会の三つのプログラム

　あり方検討会のプログラムには、大きく三つのものを考えることができる。

　第1は、委員による月に1回の検討会の実施である。基本的にこの検討会は、始良町社協が抱える現状と課題、そして解決策についてフリートーキングの形で進めるものであり、会議終了後、すぐさま議論は、文章におこされ、それらを整理し、次の会議で確認し、付け加えていくという作業を繰り返したものである。これにあわせて、先進地視察研修を1度行っている。月に1回の検討会の中では、これまでいわばタブーとされてきたような問題にもメスを入れ、率直に話し合いを進めた。

　第2は、1999（平成11）年8月に実施した町民アンケート調査の企画・実施である。このアンケート調査は、市民の地域福祉に対する意識、町内の福祉施設機関の認知度や理解度、社協事業の理解度や会費問題についてなど、多方面にわたったものである。これらの調査には、委員長の筆者が調査項目を作成し、調査員には民生委員協議会の全面的な協力を得た。また集計分析も筆者を中心に行った。[32]

　第3は、社協の全職員を対象にした、総合研修である。研修の指導には筆者があたった。

32　本調査報告は、以下の論文にまとめられている。
　　高橋信行、伊東安男、竹内和夫、福田正道、米倉徳博、中島則秋、折田浩二（2000）「地域福祉と社協活動—始良町地域福祉調査結果から」『地域総合研究』鹿児島経済大学附属地域総合研究所 27（2）

　この研修のねらいは、一つには、職員自身が事業活動を通しての問題点やニーズを理解することである。二つは社協のあるべき姿について主体的に考えてもらうことである。不満やニーズなどを汲み取ることはもちろんであるが、単にガス抜き的なものに終わらせるのではなく、それらをワークシート等を使った問題解決に方向付けたものとしていくことを研修の旨とした。三つ目には、それぞれの部署が抱える問題等について、共通理解を図り、社協職員としてのアイデンティティを確立していく一助としたいというねらいである。[33]

　こうした活動を通して、1 年の経過を経て、「あり方検討会報告書」を作成した。

3．姶良町の概要

　姶良町は鹿児島県のほぼ中央部にあたる薩摩、大隅半島の岐部に位置している。東は加治木町、溝辺町、横川町、北は薩摩郡祁答院町、西は蒲生町、吉田町、鹿児島市に接し、南は錦江湾を望む。町域の広がりは、東西 8 キロメートル、南北 24 キロメートル、総面積は 103.45 平方キロメートルである。[34] 人口は43,409（1999 年 11 月 1 日現在）人である。

　以下、あり方検討会報告の内容をみていくが、姶良町社会福祉協議会の概要はここでは略す。

4．姶良町社会福祉協議会あり方検討会報告 1 ―現状と課題（2000 年 3 月報告）

　これよりはあり方検討会の報告書から、「現状と課題」についての部分と「提

33　今回の職員研修は 3 回に分けて行い、職員は給食センター、老人福祉センター、事務局から、10名程度ずつの参加で実施した。講師はあり方検討会の委員長でもある高橋があたった。時間は、午前 10 時から午後 5 時まで。ことに今回は、初めてということもあり、意識啓発的な意味での、講義を 1 時間程度行った後は、ブレーン・ストーミング方式での討論と、K J 法的な手法を使ってのまとめ、それにワークシートを使った問題解決プログラムの実践という形で進めた。この目的は、一つには、職員の意識啓発、二つ目には、職員のニーズ把握と情報収集、そして三つ目には、お互いの職務の相互理解を深めるというものであった

34　姶良町の沿革については、姶良町老人保健福祉計画（1994）を参照している。

言」に関わる部分について具体的に示す。この中でも合同研修会、そしてアンケート調査について言及している。

　あり方検討会での現状と課題は、以下の九つのテーマを中心に議論を行っている。

（1）組織上の問題

（2）事業運営上の問題

（3）事業内容の問題

（4）収入と支出の問題―会費問題など

（5）行政との関わり

（6）地域住民との関わり

（7）介護保険に対する対応

（8）校区社協の課題

（9）地域福祉活動計画の策定について

　まず現状と課題について検討会報告の内容を要約的に述べる。[35]

（1）組織上の現状と課題
1）理事と評議員について

　このときの姶良町社協の理事は15名、評議員は31名である。人数だけを考えると、県下でもやや多い数字である。もちろん理事と評議員の数はどの程度が適正であるかということは、これらの委員にどのような働き、役割を持たせるのかによっても変わってこよう。元来、社協は協議団体であり、地域のさまざまな団体の連携と調整という役割を担ってきた。そのため、できるだけ広範囲の団体の代表者に参加してもらうという意図から各種団体の代表者や関係者の参加を求めてきた。その意味である程度の人数はやむをえないところであろう。

　ただ実際には、理事会、評議員会ともに、事業等について必ずしも活発に議論がされているということでもなく、発言をする委員も限られている。理事や評議員そのものにも意識の希薄化、役割意識の低下がみられるのではないか。これは理事の性格づけと評議員の性格づけが必ずしも明確でないところにも一

---

[35]　あり方検討会報告と同様の内容であるが、現状と課題における、職員研修についての表記、地域福祉活動計画、地域福祉調査の結果の表記に関してはやや簡略化した形にしてある。

因があるのではないか。理事職と評議員職が性格的に区別されていないため、各種団体の№1が理事に、№2が評議員にと、それらが機能的に区分されるのではなく、上位、下位のような構成になっていたりする。構成員規定があるためにどうしても頭数をそろえなければならなくなり、それが経営意識の薄い理事を生む要因になりかねない。結果として理事の活動が事業に結びついていないということになる。本来事業に関する大局的計画は、理事会が企画立案をすべきであるが、これを事務局サイドで行って理事会で追認しているのが現状であろう。また会議を開くとなれば、それなりに予算措置も伴うものであり、これだけの人数がいれば、会議の日程調整も事務局ではかなりの負担になっている。

　社協の理事と理事会、評議員と評議員会の量的、質的改革は第一に着手しなければならない重要なテーマである。

2）会長について

　従来、社協の法人化の中で、会長職にあるものは民間人が望ましいということが以前から言われてきた。それは理念的にも、機能的にも、理にかなった主張であったろう。理念的には、当初は公私分離の立場から、民間としての独立性を確保する意味で民間人をと言われた。かりに公私協働が叫ばれる現在においても、この理念は尊重されなければならない。しかし鹿児島においては、未だ会長を自治体の首長が兼務しているケースが少なからずあるし、姶良町においても会長は町長である。

　機能的に考えても、多忙を極めることが予想される行政職の長が、社協の運営に責任をもって当たれるのかという疑問がある。結果として会長は、名誉職化して事業方針に関わらないという事態をも招きかねない。公私協働とは、お互いを独立した存在として認めた上での連携と考えるべきである。

　これは、社協職員の民間としての自立心のなさに結びついており、根底に町長が会長をしてきたから最後はいざとなったら町が援助するという職員の甘えの意識と構図につながりかねない。

　社協は協議会としての特性の故か、施設等に比べると、強力なリーダーシップをもち、事業運営に責任をもってあたる者がいないという状況がある。かりに、これが福祉施設であれば、篤志家と呼ばれる人たちの実践から始まり、強

いカリスマ性とリーダーシップ、福祉理念をもった指導者が、施設長あるいは理事長となり施設を運営してきた。もちろんそれは、重大な責任を伴うものであった。しかし、こうした責任をもって事業にあたる者が社会福祉協議会には少ない。

　また実務との係わりという点からも、例えば一般の法人、医療法人であれば理事長がドクターであり、院長であり、かなり実務に係わりをもつ。保育園の園長等も同様である。しかし社協の会長ほど、実務とかけ離れたところにいる人はいない。

３）事務局長と福祉活動専門員

　事務局長は、社協の要である。しかし姶良町社協の場合、事務局長職が長くて２年あるいは３年で替わる。実務の長である事務局長が、これだけ頻繁に入れ替わるようでは、責任ある事務遂行ができない。しかも、事務局長は単に事務の責任者であるにとどまらない。先にみたように、理事等の機能不全から、事務局長は実質的に事業の企画や指揮にあたる重要なポジションでもあるのである。

　これらの問題は、根本的に社協の存在が、行政の天下り先のポストの一つとして、考えられているからである。局長人事は、実際的に、本人の能力や地域住民のニーズ、社協そのものの意向とは全く別のところで、行政サイドの事情によって決まっていく。これは健全な民間組織の人事のあり方ではない。事務局長の人事は、人物本位で考えられるべきである。社協の存在そのものが疑問視され、また基本的な構造改革を余儀なくされる中で、そうした体質も改善していかなければならない。

　専門職としての社協マンの養成も急務である。社会福祉協議会は、戦後つくられた団体であるが、その理論的な背景は、コミュニティ・オーガニゼーションという社会福祉援助技術である。地域福祉、在宅福祉についての問題が複雑化し、社協のもつ援助技法も精緻化される中で、調査手法、相談技術、コーディネーション、ケアマネジメント、プランニング、情報処理技術等の手法の習得が必須となっている。福祉活動専門員は、その名の通り、福祉の専門職である。

４）そのほかの現業職員について

　現在、社協は在宅福祉サービスをはじめ、さまざまな事業活動に関わり、そ

れに伴って職員も増えてきている。姶良町社協においても、老人福祉センター職員、給食サービス職員、ホームヘルパー職員、事務局職員等がいる。これらの職員間においてもいくつか問題がみられる。

こうした問題点は、職員を対象にして行った合同研修（3日間）を通しても把握できる。

研修を通してみられた職員に対する課題や問題

こうした研修会をこれまで1度も実施していなかったためか、職員も部署によっては、参加意識に温度差がみられ、研修に参加しない職員がいたり、参加しても途中で抜けていく職員がいたりした。研修に対する志気の低さを感じた。

研修を通して明らかになったことは、それぞれの部署が独立しており、社協の職員であるという意識が希薄であること。社協の福祉サービスの部門として自分たちの事業があることを理解していない者が多いこと。他部署との連携が悪いことなどである。つまり利用者のニーズ把握の側面が欠如しており、こうしたニーズを他のサービスに結びつける努力がなされていない。介護保険についての不安はありながら、どうすればいいのか、ということを自分で考えられない。また「最近の老人は挨拶をしない」など、利用者に対して、サービス提供者、福祉援助者としての視点の欠如を感じさせる発言もあった。記録の欠如等、福祉援助者としての基礎的訓練が十分になされていないようであった。

社協職員の資質向上が十分図られていないことが研修を通してわかる。民間福祉施設では、頻繁に自主研修という形でも研修を積み重ねている。そうして資質向上を図っている。それに比べ社協職員の資質向上が図られていない。例えば老人福祉センターや給食サービス・ヘルパー等、こうした職員の定例的な学習会がどれだけやられているのか。また理事や事務局長といった、いわば幹部の人たちが、職員と十分なコミュニケーションをとっていない。

（2）事業運営上の背景にある問題

これらの組織上の問題あるいは、事業運営上の問題の背景には以下のようなことがある。

1）事業実施の根底に役所がバックアップをしてくれるという甘えがある。

根底に役場がバックアップしてくれるというのがかなりある。町長が会長を

してきたから最後はいざとなったら町が援助するという意識と構図がある。

２）社協が行うべき事業と行政が行う事業についての区別や認識がない。

　社協が独自な事業を行うにしても行政からの委託事業を受けるにしても、地域福祉の民間団体としての使命や役割についての認識を社協関係者はもたねばならない。その意味では、自らの役割についての認識があまりに薄かったと言える。

３）理事と職員の交流もこれまでなかった。

　永く理事をしている者でも、社協の現業員と話したことのない者も多い。理事が15人、評議員が31人いて、研修というものを1回もセットしなかった。

４）スタッフの入れ替わりの中で、長期目標をもって腕をふるえる人もいなかった。

　2年程度で事務局長が入れ替わる中で、中長期的なスタンスで、社協のあり方や方針について、考える人もいなかったし、また理念をもっていたとしても、そうした短期間の中では腕をふるうことができなかった。

（3）事業内容についての現状と課題

　事業の全体的な現状と課題について、事務局サイドで考える問題を中心に、地域福祉調査の結果や職員研修などでの意見も参照しながら考えてみる。地域福祉調査（1999年8月）では、社協の各種事業についての認知度を聞いてみた。これらの社協活動の中では、「福祉給食センター事業」の認知度がもっとも高く、ついで「祭壇貸出事業」「心配ごと相談」「移動浴槽車派遣事業」「ホームヘルプ事業」の順になっている。逆に、古くから社協が力を入れてきた活動、「ボランティア活動支援事業」や「生活福祉資金の貸付け事業」などの認知度は、2割にも満たない。また「共同墓地水道料の助成」「墓守サービス」なども認知の低い事業である。

１）各種団体への補助について

　今まで出してきた各種団体への補助の見直しをするために、とりあえず各種団体の補助を白紙に戻してからもう一度根拠等を文章にしてもらって補助をする。つまり既得権のように補助をするのは止めたらどうかという意見が出ている。

2）共同募金の歴史と今日的課題

　共同募金の目的は、「社会福祉についての国民の理解を深くし、たすけあいの精神を高め、あまねく国民が進んで出しあう寄付金を各種の民間社会福祉事業に計画的・合理的に配分して、その向上・発展を図り、これを通じて社会保障の推進に寄与しようとする」ところにある。（赤い羽根国民たすけあい運動要綱）

　我が国が敗戦下の疲弊と貧困の中にあってあえいでいた頃、民間社会事業者も財政的に切迫した状況にあった。しかし公金を慈善活動等の費用に支出できないため、共同募金はその資金確保のために始められた。その後民間社会事業の財源において、共同募金の比重は相対的に減少し、公費による措置費・補助金等が重きをなすようになった。結果として、民間社会事業の経営は安定したが、その半面には公的支配のもとに下請け化し、独立性や自立性など、本来の民間社会事業がもっていた特徴は薄められていったとも言われる。また既得権益のように募金を配分するそのシステムにも問題が指摘されるようになってきた。共同募金も「マンネリズム」「募金の使い道がわからない」「強制的だ」などの声があがり、募金運営のあり方が問われる時代になってきている。共同募金は、主に二つの側面をもっていたと思われる。一つは、社会福祉事業者支援である、そして二つ目は、歳末たすけあいにみられるごとく、援助や支援を必要とする人たちが地域で安心して暮らすことができるように支援するものである。ここにきて、新たな展開がみられはじめている。社会福祉関係8法改正以降、いわゆる過半数配分が撤廃され、社会福祉施設サービスから在宅福祉サービスを軸にした地域福祉への転換に見合う配分が指向され始めたこと、もう一つは、歳末たすけあい募金にも、金銭給付から現物給付や在宅福祉への志向が強くなってきている点である。

　1996（平成8）年には、中央共同募金会に対し「新しい『寄付の文化』の創造をめざして」と題する「21世紀を迎える共同募金のあり方委員会」からの答申が出た。答申では、その理念として、日本に「寄付の文化」（いつでも、どこでも、自発的に寄付ができる文化的風土）を根付かせて、募金活動を通じて市民社会・福祉社会づくりに貢献することとしている。この中では、住民参加の福祉コミュニティの実現に向けて、民間社会福祉団体やボランティアによる地

域の実情に応じた多彩な活動を財政面で支えていく役割が期待されることとし、具体的な方策として、配分申請の公募、先駆的な活動のための配分枠の確保（ベンチャー）、人件費など管理経費も配分対象とすることなどがあげられているのである。ここでもこうした答申を踏まえて大胆な募金配分の改革を実施すべきである。

3）姶良町はそんなに冷たい町か

　それにしても、姶良町の共同募金は、県下でも下から1位、2位を争うほど低いものである。町民がこうした活動に関心がないのか、集める側の方法に問題があるのか。姶良町民が福祉に関心がない、地域の福祉活動への支援に冷淡な町であるとは考えたくない。図書館の利用率などは県下一である。姶良町は知識人の多い町であるとも言える。しかし集まりが悪い分、各種団体への配分も低いものにならざるを得ない。もう一度、共同募金について、大々的なキャンペーン等を行うことが必要であろう。

（4）収入と支出（会費など）の現状と課題

　姶良町社協の会費は、年額100円である。社協は「協議会」という性質上、地域住民の会費を財源の一つとしてきている。その割合は全国的には、3.4％と全体に占める割合は必ずしも高くはないが、地域福祉を住民とともに展開していく社協にとって、会費のもつ意味は、その割合以上に大きなものがある。

　会費は、各市町村、各県によっても異なるが、県によっては年間1,000円というところもあるし、1,200円（1月100円）というところもある。姶良町社協の場合、収入に占める会費の割合は、極端に低い。県下の社協の平均が300円から500円というところをみても、年間100円というのは、あまりに少額である。確かな財源確保という点からも、ある程度会費の値上げを行っていく必要があろう。

　会費値上げについては、これまでも話題にのぼってきたが、「会費徴収が難しい」「社協の貢献度が十分住民から理解されていない」などの理由からその都度立ち消えになってきた。社協収入に占める割合では、委託費や補助金がその多くを占めている。それゆえ社協事業そのものも、社協に行政の下請け的な仕事、行政が関心をもつ仕事に偏る傾向があった。

　もちろん、行政そのものは、地域住民の利益という形で、事業を社協に委託するのであるから、社協も地域住民のニーズに応じた事業展開をしているとも言えるが、それは、地域住民のニーズをダイレクトに汲み取ったものとは言えない。そこに住民→行政→社協という流れが存在したのである。スポンサーとしての行政の意向に添うような形での事業展開を余儀なくされてきたということも実態として言えるのである。

（5）行政とのかかわりの現状と課題

1）行政の外郭団体、下請け団体という社協の立場

　社協活動に占める委託事業、補助事業の割合が大きく、人件費の補助など、行政への依存度が強い。そこから、いわば主従関係のような権力関係が構成されている。社協にとって、行政は有力なスポンサー以上の存在である。実際会長は町長であり、理事のうちの5名が行政関係者である。

2）社協職員の公務員的意識

　現在ほとんどの福祉民間事業者は、日曜日は日直制を実施し、時差出勤で、24時間対応に近い形で福祉ニーズに答えてきている。なぜ社協だけが、役場と同じ8時半から5時までというシステムをいつまでも続けているのだろうか。

3）行政の天下り先としての機能の弊害

　先にも述べたが事務局長職の人事や他の職員の人事において、行政のOBを採用するということが暗黙の前提として進められている。鹿児島全体としてみても、一般行政職OBが入ってきてしまい、福祉プロパーの職員が、なかなかそこで動きにくいという問題が基本にはある。社協そのものが町の付属物的なイメージがあり、民間経営者感覚が薄い。新事業を開発しようとする意欲に欠けるとか、新規採用ができにくいとか、行政施策の枠内でしか行動ができないという問題もそうした中で起こる。社協は民間組織であり、行政サイドで人事を一方的に行うことはできない。

　今日、姶良町社協が抱える問題の多くが、こうした行政主導の中で起こってきたことを、行政の管理職にある人たちは、率直に認めるべきである。短期間に移り変わる人事が、社協を機能不全に追い込んできている。その中で、職員間の不信感や気持ちのズレも生じてきているのではないか。

4）社協事業の計画化と事業委託のあり方

　社協の事業で欠けているのは、計画的な事業展開である。地域福祉活動計画というものを前提において、行政と社協がお互いに協議していくということで始めていかないと、ここは解決できない。委託事業そのものを否定するつもりはないが、これは行政の責任としてやるべき需要があって、コストを少しでも有効に使おうというために委託という制度ができてきているわけである。社協については事業費だけの委託というのが非常に多いので、事務費や人件費などが支出しにくい。

（6）社協と住民の現状と課題

1）会費値上げには、地域住民の社協認知、地域福祉理解が不可欠

　会費の金額をどれくらい、あるいはいつの時点・段階で引き上げていくのかというのは、地域の状況を調べてから行う必要がある。社協会費は払わないが、24時間チャリティーには何千円も出す地域住民もいる。決して福祉に関心がないわけではない。理解をすれば会費を出す住民の気持ちはあると思う。共同募金とか社協会費について非常に集まりが悪いというのは、社協がそれだけ理解をされていないからである。

　基本的にはやはり住民の社協活動の参加というものをどのように今後進めていくかということを並行して言っていかないと会費は集まってこないであろう。

2）地域福祉調査からみた住民の意識

①町の緊急改善策

　町全体の評価の中で、「上下水道とごみ処理」「働きがいのある職場」「道路交通の便」「学校教育」などが悪い評価である。このことは、後の自由回答「町への要望」としても具体的に示されている。町として、手をつけられるものから、改善していく必要があろう。

②見えない福祉サービス＝福祉施設、サービスの認知の低さ

　調査からは福祉サービスが、地域住民には見えにくいサービスであることがわかった。社協活動への期待や始良町への要望で、福祉サービスのＰＲをという声が数多くの住民から聞かれた点は、こうしたことを裏付けているとも言え

る。また福祉施設機関のサービスや認知も、児童・障害分野などはかなり低い
ことがわかったし、老人福祉関係施設などは、比較的に認知度はあるものの機
関の場所や、機能となると理解されていない。

③地区別の特徴

　山田、北山地区は、古くから姶良町に住んでいる人が多く、また住民意識も
高い。それに比べると、西姶良地区など市街地区は、町外から来た人も多く、
また職場も町外にある人が多い。仕事等のために来た人が多いため、永住意識
もあまり高くはない。こうした市街地区では、町への愛着などもやや弱いが、
ボランティアへの参加や地域への貢献に関しては、一定の関心を示している。

　1995（平成7）年度調べの国勢調査によると、姶良町は、鹿児島市等の通勤
圏ということで昼間の人口と夜間の人口の差の大きな地域である。夜間人口（常
住人口）を100とした場合、昼間の人口は80.7であり、東郷町（78.4）、松元町
（80.6）についで県内自治体の中で3番目である。これはある意味で、コミュニ
ティ意識を醸成しにくい土地柄と言えなくもない。単に寝起きをするだけの地
域という認識をもたれかねない。しかし、高齢社会になる中、定年退職後の生
活等を考えても、もう一度地域社会の意義が問い直されている時期でもある。
地域福祉の推進には、いかに地域社会との関わりを深めていくかが課題となる。

④社協活動への評価と会費への対応

・ボランティアの発掘

　姶良町の潜在的ボランティアのマンパワーはかなりある。ボランティアにつ
いての情報提供や、広報によってかなりの潜在的な人材の掘り起こしができそ
うである。これも社協活動の広報機能が求められる点でもある。ボランティア
センターの認知度の低さから、こうした活動をもっと社協は行っていかねばな
らない。

・会費値上げ

　会費の値上げについては、7割が理解を示しているが、社協への期待の自由
回答「事業と会計内容を明確にしなければ会費も云々できない」との意見も多
いところから、実際に値上げの理解を求めていく時には、事業と会計内容の明
示が必要になってこよう。会費徴収は、社協において、その性格からして重要
なものである。社協は単に委託費だけで行政の下請けをしているわけでもない

し、補助金だけで運営しているような外郭団体でもない。町民からの会費で運営される自主的組織である。それにしても事業運営に占める会費の割合はあまりに低すぎる。かりに姶良町民全員から会費を徴収したとしても、400万円程度にしかならないのである。実際は、世帯徴収の形態をとっているし、社協が得ている会費は、100万ちょっとという程度なのである。

　もちろん社協には寄付もあるし、共同募金もある。しかし、共同墓地水道料に、年間80万円程度支給し、50万円もの補助を出している団体もある。おそらく年間100円という会費は、出している方もあまり実感がないのではないか、実際に会費のことは知らない地域住民が7割もいるのである。金額をいくらにするということだけでなく、会費を払っているということで成員性も意識されるし、また社協への要望も出てくるであろう。社協側としても、補助金や委託費を主な財源にする限りは、地域住民サイドよりは行政サイドをみざるを得ないのではないか。住民参加の社協づくりを考える時、会費の意味は大変大きなものとなる。

⑤福祉施設機関の認知

　社協を含めた、施設機関の認知に関しては、老人福祉関係施設の認知はある程度あるものの、障害分野の施設機関の認知が大変低いことが気になった。また名前はわかるものの、場所、機能となると理解は極端に低くなる。社協活動の中でもこうした団体の理解に関して、啓発活動を進めていくべきであろう。

（7）介護保険に対する対応の現状と課題

　現在、介護支援専門員のいない社協の状況では、介護保険対応の事業は難しい。一般的に福祉施策が介護保険事業をやる、高齢者問題をやるということで、逆に障害と児童の問題がかなり手薄になっていることも気になる。身障ヘルプ（身体障害者ホームヘルプサービス）事業も社協はやるが、それだけでは十分とは言えない。また要介護認定の結果、介護保険によるサービス提供を受けられない、自立者への支援の可能性もある。

（8）校区社協の現状

　姶良町の校区社協は1993（平成5）年の9月1日に山田校区が最初に発足し

た。その後12月に北山校区が発足、平成11年に三船校区ができて8校区中7校区が活動中である。

①校区社協の目的

　町社協サイドの説明としては、福祉コミュニティづくり、地域福祉活動に取り組むということを基本にしている。結成目的は、町の社協が一つだけでは活動が浸透しない点、また地域によって格差が大きいことなどがあげられる。小学校区で行うと適度な範囲で社会資源や英知を集めて活動ができる点や組織としては、幅広く縦ではなく横のつながりができるというメリットをあげることができる。

②活動内容

　活動としては、里家給食とか挨拶運動とか、障害者・高齢者との交流会等が行われている。北山校区は村作り委員会と提携をして、事業を進めている。建昌校区が住民を集めた講演会を実施している。山田校区では、"いきいき山田"という年2回の広報誌を作っており、去年で15号になる。そのほか重富校区では高齢者交流活動ということで敬老の日のはがきとか年賀のはがきを小学校に頼んで出している。また福祉施設と提携し、バザーへの協力を行いながら施設訪問をしている。粗大ゴミの搬出協力等している校区もある。

③校区社協のつながりと町社協との関係

　それぞれ校区の中では活発な活動もみられるが、自治会活動と区別がつきにくい場合もあり、また各校区の横のつながりも薄い。そうしたコーディネートの役割を町社協、理事者が十分果たしていないことも問題である。また校区社協の中心を担っている自治会長が交代で役を回していくような形になってくると、ただスケジュールだけを消化するようなことになり、自治会の、例えば自治会連合会のような活動と変わらなくなる。

　姶良町が抱えているいわゆる7割の人が外から入っているという現状を考えていくと、校区社協の役割は大変重要であると思うが。

（9）地域福祉活動計画の策定

　全国社会福祉協議会編による社協活動マニュアル「地域福祉活動計画策定の手引」によれば、地域福祉活動計画は、「福祉ニーズが現れる地域社会におい

て、福祉課題の解決をめざして、住民や民間団体の行う諸々の解決活動と必要な資源の造成・配分活動などを組織だって行うことを目的として体系的かつ年度ごとにとりまとめたとりきめ」（全国社会福祉協議会 1992：7）をいう。地域福祉活動計画も社会計画の一つであると考えられるが、民間サイド、特に社会福祉協議会を中心に展開される点は、老人保健福祉計画など行政が行う社会計画とは異なる。

　「手引」では、「地域福祉活動計画は、住民の福祉ニーズを背景として福祉課題解決を住民や民間団体の諸活動によって進めるものであり、その内容は、第1に住民のもつ福祉ニーズを明らかにし、これを解決するために専門機関や専門職の役割分担を行いながら、住民が自発的な活動と創意工夫を発揮しやすい環境を醸成するための諸活動。第2に住民の福祉問題に対する理解促進の活動や参加を促進する諸活動。第3に住民のさまざまな要望や願いを『福祉のまちづくり』として位置付け、それを実現していくためのソーシャルアクション機能までも含んだものである。そのような視点に立つと社協と地域福祉活動計画は行政が策定する行政計画を促進するという機能を合わせ持つことになる」（全国社会福祉協議会 1992：7）と述べている。

　始良町社協でも過去に地域福祉活動計画を策定するべく、委員会も開かれたが、その後とん挫し、計画策定が行われていない。今後行政サイドで大規模な地域福祉計画が策定されることが予想される時、社協の地域福祉活動計画の作成は、そうした行政の地域福祉計画に影響を与える大事なプランである。

　地域福祉活動計画の策定は、1998（平成10）年度調査では、鹿児島の市町村社協のうち、策定済みが19.0%、策定中が3.6%、策定予定が33.3%、策定予定なしが44.0%になっている。ちなみに、始良町社協はこの調査では、策定中になっている。なぜ計画づくりが進まないのか。先のマニュアルには、すでにその問題点が八つにわたって指摘されている。（全国社会福祉協議会 1992：19-20）
①計画策定の機運が高まっていない
②日常業務が忙しい・職員体制も整わない
③職員体制が1人や2人では計画策定はできない
④策定費用・事業計画に伴う財源がない
⑤策定の方法、基礎資料や情報の不足

⑥取り組むべき課題が見えない

⑦策定メンバーに適切な人材が得られない

⑧役員の理解と協力が得られない

　これらの問題点は、鹿児島での社協調査（鹿児島経済大学附属地域総合研究所調べ、1998 年）でも指摘されたものが多い。

　しかしまた鹿児島での調査では、計画づくりのメリットを実施社協は次のように述べている。

（1）福祉ニーズの把握が可能になった―10

（2）地域住民の福祉への理解が深まった―9

（3）事業展開が具体的にやりやすくなった―7

（4）福祉サービス、事業展開の方向性が明らかになった―6

（5）福祉関係機関、団体との連携が促進された―5

（6）社会福祉協議会の役割が明確化する―3

（7）在宅福祉が推進された―2

（8）共通認識が生まれた―2

（9）その他―6

　その他は「地域福祉の充実に役立っていくと思われる」や「地域に密着した福祉活動が期待できる」などの意見である。（高橋 1999：76-77）

　調査活動を通しての計画づくりは、地域の問題把握、福祉ニーズの把握などアセスメントの部分でずいぶんとメリットがある。また福祉サービス、事業展開の方向性を明らかにしてくれる。地域住民の福祉意識を高め、社会福祉協議会自身の役割を明確化してくれる。また計画づくりを通して、各種団体との連携が取れるようになるなどのメリットもある。

　始良町社協でも地域福祉調査を実施したところであり、計画づくりの機運はすでにできたと考えてよかろう。ただ前回、なぜ実行できなかったかの評価を踏まえることが必要である。そこが解決しなければ、また同じことが繰り返されるのではないか。

５．姶良町社会福祉協議会あり方検討会報告２—姶良町社協問題解決への提言

（１）組織上の提言

１）理事、評議員数を適正にする

理事数を現行の 15 名から 9 名程度とする。それに伴い、評議員も 31 名から 20 名程度とする。

２）理事、評議員会の性格付け＝質的改革を進める

①理事職は担当理事制とする

具体的には⑤にあるそれぞれの部門に理事を配置し、責任をもって職務を遂行するものとする。

②理事には民間企業からの人材、福祉専門職の起用を考慮する

社協をはじめ、福祉の世界にも競争原理が導入される。そうした意味からも企業論理というのが今必要である。最終的にはおそらくＮＰＯ的な発想をもっている人が社協運営には必須であるが、カンフル剤的意味でも、企業論理に裏打ちされた人物の起用が必要である。また社会福祉士や学識経験者等、社会福祉の専門職を理事に入れることで、社会福祉についての高度な事業展開や福祉の専門的理解の促進を図る。加えて、担当理事制という性格を考慮しても現在理事職となっている議員の扱いも考慮する。性格上、議員としては評議員としての立場の方が適切ではないかと考えられる。

③理事会を企画立案団体、評議員会を議決機関＝承認団体的な性格とする

①と⑤に関連するが、理事会と評議員会との性格づけを明確にし、理事会は事業等の計画立案等を行い、評議員会を各種団体の調整、企画等の承認機関として位置付ける。

④理事と評議員の性格づけと選出

上記③の会の性格づけの結果、理事の選定にあたっては、企画立案、事業の実行に関して、個人的能力のある人とする。評議員に関しては各種団体の代表という性格づけとする。そう考えると、一つの団体から複数名が評議員として参加することは必ずしも必要でないことになる。

⑤事業等に関して、理事・評議員の中から事業部等を作る

事業等について考えられる部としては、事業部、広報部、調査研究部、研修部などである。（事務局そのものは事業の立案等に限界があるところから、本来の事業活動の評価や新事業の展開をこうした部活動を中心に進めていく）

⑥福祉施設・団体連合会の構想

評議員会の構成について、福祉団体の代表を個々バラバラに参加してもらうのではなく、福祉団体連合会を組織し、その中の代表を評議員会に送りこむといった形式も考慮する。

⑦会議のありかた

理事会の活性化のためにも理事会の回数をふやす。理事会は２ヶ月に１回は実施する（年６回）。その他、合同会議を年２回程度実施。部会は随時開催する。

３）社会福祉協議会会長のパワーアップ

社協会長は、最高責任者としての自覚をもち、実務にも関わり、経営感覚をもち、ある程度のカリスマ性（個人的魅力と実行力）をもった人を選出する。その意味で、経済的な保障を含め、常勤職として職務遂行ができるようにする。

現行の、首長＝会長という形は、社協の民間団体という点からも好ましくない。よって、できるだけ早い時期に会長職は福祉に造詣の深い民間人にすべきである。

４）事務局長と専門員

①事務局長について

事務局長が２年、３年で替わるような人事を行わない。事務局長の採用については、民間人の採用を含め、適任者を広く求める。事務局長の理事職化も検討する。社協は民間法人組織である。その人事を行政が一方的にやることは許されることではない。社協には理事会と評議員会がある。こうした組織が人事を行うべきである。

②福祉活動専門員について

福祉専門職の量的、質的充実を図る。地域福祉コーディネーターなど福祉専門職の充実を図るとともに専門技術の研鑽のため、研修会を頻繁に行う。また福祉専門職の資格（社会福祉士など）を取得させるための研鑽については、社

協全体でバックアップする。

（4）そのほかの現業員について

　例えば栄養士のように事業展開上必要な人材は早急に確保していくべきである。また介護支援専門員等の有資格者を作ることも必要である。

（5）職員研修体制の強化

　職員の資質向上のため研修を取り入れる必要がある。今後の多様な在宅福祉の展開において、利用者本位のサービスを提供するため、現業員の質の向上が望まれる。そのため、定期的な研修プログラムを用意し、事業についての提供者としてのサービス評価視点を取り入れる必要がある。また、職員の相談役として、スーパーバイザーやアドバイザーを設ける方法もある（社協理事などがあたる）。

1）昨年（1999年）9月、10月に行った研修を受けて

①要望として、職員から出されているものは、できるだけ目に見える形で実現させる

　手続きを踏めば、自分たちの主張が受け入れられることを職員が認識するのは大切である。そうすることで職員の志気や問題意識が高まっていく。それを通して上層部との信頼関係も強くなるであろうし、社協としてのチームワークも高まっていくのではないか。いい意見もある。自分たちの前向きな姿勢の意見は取り上げ改善する。具体的要望の実現については、理事会が中心となって行うべきである。

②逆に職員が意識改革を図らねばならない問題についても理解する

　職員の要望の中で、言い分が通らない部分、逆に社協を運営していく上では、避けて通れない部分、職員に意識改革を求める部分についても理解を図っていかねばならない。そうしたことの理解は、継続的な研修活動を通して図っていくべきである。言いっぱなし、聞きっぱなしですませてはならない。

③社協が抱える課題の認識を職員が分有する

　社協がどんなに困っているかというところも投げかけていくことが必要である。職員研修で行った問題把握から新事業の展開までを、職員自身に考えさせるワークシートの利用などもその一つであった。

2）今後の研修体制をどうするか＝研修の方法
①研修制度の継続―定例化と基本ルールの遵守
　単発でやっても研修の効果は薄い。研修会も継続して定例化してやるべきである。研修の意義を理解してもらい、必ず研修には参加させる。まず研修時間を守るところからスタートしなければならない。
②同じ立場にある者同士がともに学んでいく姿勢
　研修は上から押しつけるような形でなく、同じ立場にある者のやり方を学ぶことが大事である。その意味で類似した施設での研修も考慮する。（自分たちのレベルを、他者を通して認知することを含め）先進的な運営をしているところに人事交流をする方法もある。
③研修での対人援助、接遇・処遇方法の習得
　職員の中に福祉援助者としての視点が希薄な者も散見されることから、接遇・処遇の必要性を感じる。サービス業である自分たちの職種を理解し、対人援助技法について、理念と方法を学ぶ必要がある。
④理事・評議員と職員の合同研修
　例えば役員の中からある程度交代でいっしょにテキストを作って勉強をしていくなり、ある面では他の施設を見にいくなり、そしてまた場合によっては民間の施設に1日2日ずつ研修に行ってもらうなどさまざまな方法論がある。
⑤自主研修の実施
　5時から6時までの定例化した研修を自主研修の形でやってはどうか。時としては理事・評議員も入れてやる。時としては職員だけでやる。月に1回全体が意思統一をする研修を、5時から6時半くらいまで自主研修という名前をつけた形で行うことを提案したい。自分たちのボランタリーな形でそういう研修時間を工面する。自分たちの仕事をボランティアにさせる一方で、自分自身がボランタリーな活動に関わらなくていいのか。
⑥合同懇親会の実施
　とりあえず懇親会を実施する。研修会以外にも忘年会とか懇親会を職員全員でやるようなことを考えてみたらどうか。みんなで懇親会をやるといういわば情緒的なレベルから始めてもいい。この中には、職員、理事、評議員などを含める。

（2）事業内容についての提言

　今後の事業内容については、これまでの事業の中で実際に社協としてやるべきものとやる必要のないものとの取捨選択を行う。事業の中で非常に必要性の高い事業と必ずしもそうでない事業。緊急性のある事業とそうでない事業。他の機関で代替できない事業とできる事業、収益性のある事業とそうでない事業の評価が必要である。また介護保険導入にあわせて社協がどういう事業を行っていくかという、評価と見直しも不可欠である。

　これらは本来、理事会等で議論すべきことではあるが、例えば、具体的に以下のような素案を考えた。

1）初盆供養

　初盆供養事業は、高額寄付者を区別するのではなく、同じもので高額な方へは感謝状くらいにして、差をつけない方がいいというのが、あり方検討会としての意見である。

2）共同墓地水道料の助成

　先に述べたように、共同墓地水道料に香典返しによる収入の一部を当てているということは、香典返しがどのように使われているかの市民に対する説明としては役に立つが、香典返しという、不定期収入に対して定期的に支出するこうした種類の補助は疑問である。香典返し収入の使い道に関しては、一般収入の一部として解釈されていくべきであり、特定の品目の支出を当てなければならないという問題ではない。基本的にこうした種類の支出は、社協が行うべき性質のものであるかどうか疑問である。助成は打ち切るべきであろう。

3）福祉大会

　講師の選定に関しては、社協の意見も十分配慮することを行政サイドに申し入れをすることである程度解決するのではないか。福祉大会のメニュー等も形骸化しつつある部分もあり、福祉大会のあり方や意義も理事会等で議論すべきである。

4）心配ごと相談

　相談先の紹介や助言等にとどまっている。専門相談員（弁護士等）がいないなどの課題があるが、生活問題への接近は、何も弁護士がいなければ解決でき

ないといったことではない。

　本来、社協の心配ごと相談は、低所得対策の一環として始まったものであるが、現在そのニーズは金銭的な問題にかぎらない広範なニーズを視野に置いている。現行の相談体制の中で、専門的な相談に応じることは不可能であろう。少なくとも、一般相談を充実させ、ケースワークやカウンセリングの基本は、相談員に習得させ、また相談機関の調整という機能も充実させる。相談機関の詳しい紹介ができる。問題解決に向けて、あそこにいけば少なくとも「どこに相談にいけばいいかがわかる」といった機能を社協の相談機能に持たせることも重要であろう。

5）ボランティア活動の支援

　ボランティア活動の支援は、昔から社協活動の中心的事業である。事業型社協がモデルとなり、社協自らが在宅福祉の事業実践を行う時代になったが、地域ボランティア育成やコーディネートは社協がやらねばならない大切な事業である。そのためにボランティア・コーディネーターを採用することも考慮する。

①ボランティア活動の現状と課題を理事会、評議員会で討議する

　理事会、評議員会を含めて今後のボランティア活動と推進体制について時間をかけて議論する必要がある。

②ボランティア社会資源情報をデータベース化する

　具体的にここで提案すべきこととしては、社協のもつボランティア情報をデータベース化等を通して、生きた社会資源としていかすことである。県社協が提示するボランティアカードをデータベース化し、コンピューター入力しておくことで、いつでもボランティアが必要になった時に検索等によりマンパワーを確保できる体制を作っておくことが大切である。

③初任者研修ボランティア、ボランティア教室

　地域福祉調査の結果からも、相当数のボランティア活動希望があるところから、こうした潜在化したボランティア資源を有効活用することが望まれる。そのためには、ボランティア講座やボランティア教室等の入門講座、専門講座を社協が積極的に企画する必要がある。

④関係機関との連携

　先のボランティア講座等は、生涯学習の一環として生涯学習課等でも実施し

ているところから、こうした部門との連携が必要である。現在のところ、必要性についての認識はありながら、前に進んでいないのが実情であるが、話が進まないなら、社協サイドから積極的に企画の合同化等を申し入れる必要がある。

6）祭壇貸出

　社協がこうした、いわば昔なら地域共同体が実施していた事業を行う意義はおおいに評価すべき点である。また他の民間事業者よりも安い値段で貸し出しが行われることにより、低所得の世帯に対する支援としても意味をもっている。公民館等を活用することにより、その活動の可能性は広がる。しかし一方で利用者が減っていることも事実であり、採算ベースにのらない状態である。今後独自の祭壇貸し出し事業として、リニューアルしていくのか、他の事業者への委譲を考えていくのか。真剣に議論せねばならない時期にきている。

7）墓守サービス

　冠婚葬祭がらみの事業としては、祭壇貸し出しとも共通するが、収益率も高く、また社会的ニーズも予想されるところから、これまで以上に力を入れていくべき事業である。地域住民に認知度の低い事業であるところから、事業PRの方法についても検討すべきである。

8）一般募金配分金と歳末助け合い配分金

　これまでの配分についての課題、「新しい『寄付の文化』の創造をめざして」の答申を十分に踏まえ、以下のような内容を大枠として考えるべきである。

①団体補助から事業補助形式へ

　いわば配分金に関しては、活動そのものを活性化する意味でも、いわゆる団体補助形式から事業企画書を提出するような事業補助形式に切り替えていく。いい企画ならこれまで以上の補助金を出すといった方式にしていく。

②ベンチャー（新規事業）やサンセット（期限付き補助）方式の踏襲

　新規事業を行うところへの支援や期限付きの補助を行う。資金を手あげ方式で団体で先駆的な事業をやるとか、ボランティアでの仕事をやるとか、事業計画を出してもらい、それに応じて補助を考える。そうすることでボランティアの裾野も広がっていく。

（例）ベンチャー事業　地域福祉に貢献する事業（単年度方式）
障害者等の自立を支援する事業

年間総額 50 万円程度でベンチャーをたちあげる。

③補助見直しのプロセス

　本来の共同募金の趣旨と現在の状況等を勘案して、これまで補助をしてきた団体や個人に対して再考をせねばならないものも多いが、具体的な個々の団体等については、理事会・評議員会の検討に委ねる。ただこれまでの配分のあり方をゼロにして、もう一度、一からどこにどの程度の配分金が必要なのかを全体的に見直す作業を行う必要がある。

④事業報告、活動報告を義務づける

　補助を受けた団体は、毎年事業報告、活動報告を行い、自分たちの事業内容について評価する。

9）姶良町共同募金活動のあり方

①社会福祉協議会としての補助基準のあり方―互酬制の原理と地域づくりへの視点

　社協が行う共同募金補助は、町としての補助と連動させてその一部を社協で補助しているというスタイルで続けられてきた。いわゆる行政の補完的な位置として社協の共同募金の補助が行われてきた経緯がある。しかし単に行政補助の補完というのではなく、行政とは異なった共同募金の趣旨にのっとり、社会福祉協議会の視点で補助基準を考えていく必要があるのではないか。そのよりどころはまさに、地域づくりに貢献する社協活動の基本から導き出される原理である。

　共同募金は、基本的に相互扶助の中で行われる活動である。ある時は自分が助けたり、人に助けられたりするという中でコミュニティを作っていくことが共同募金の精神である。しかし往々にしてこの互酬感覚が忘れ去られている。団体によっては自分たちは受ける立場の人間だという発想しか出てこない。共募の中では、自分たちはしてもらうとお返しをするという互助のあり方、それで地域を作っていくという姿勢、すなわち互酬制の視点が必要である。

　支援を受ける側も共同募金や社協から支援を受けるという視点だけでなく、共同募金活動や社協活動にどのように貢献ができるのかという視点をもたねばならない。共同募金活動に積極的に参加していき、例えば配分を受けた団体にも共同募金の呼びかけに回ってもらう、募金をしてもらうというやり方も考える必要があろう。

②まず会費ありきの考え方

　各種団体は、基本的に会費等により運営し、その一部を補助として支援されるということが、地域の各種団体の本来の姿ではないか。財源のほとんどを補助金でまかなっているとすればそれは問題である。補助の考え方もそこから出発すべきであろう。

③要援護者の支援活動と自分のための活動の区別

　基本的に要援護者等の支援活動に対する助成と、自分自身のために助成を受けている団体とは区別すべきではないか。少なくとも、社協は福祉コミュニティづくりを目的としており、また共同募金は、福祉事業者への支援を目的に始まったものである。その趣旨からいって第一に助成を行うべきは、要援護状態にある第三者に対して支援活動を行っている活動への支援ではないか。ただし、ともに問題を抱えた同士が相互に支援しあう自助グループの場合は積極的に支援していくべきである。

④共同募金の振込方式も一考の必要あり、地区をまわる地道な活動を進める

　振込方式で募金を集めるのではなく、やはり人が集めに行くスタイルがいい。募金のお願いも理事が回る方式とメールを出す方式とをあわせて行う必要があるのではないか。

⑤校区社協活動を通して

　共同募金にしろ、社協のPRにしろ、一番住民に接する場という所に出ていってPRをやっていくというのが今後とも必要である。校区社協を確立し、地区毎に集会を開いて、説明をしてまわることが必要である。

10）福祉運動会

　マンネリ化を払拭するためにも、いろいろな地域住民の参加を求めていく必要がある。それによって健常者と障害者のインテグレーションを図っていく。そうした活動を通じてノーマライゼーションを達成していく意気込みがほしい。また校区社協を主体にした形での開催も検討すべきである。ノーマライゼーション達成のためには、体育館に障害者用トイレをつけさせる活動などバリアフリーに向けた取り組みも必要である。

11）里家給食（会食サービス）

　里家給食は地域のボランティア活動として、また校区社協活動として重要で

あり、継続的に行っていくべきである。ふれあい型の配食福祉サービスとしての重要性を再確認する。そのためのボランティアの養成にも力を入れるべきである。

12) ホームヘルプサービス

　介護支援専門員がいない中でのホームヘルプ活動は、単に介護保険にのるか、のらないかというだけの問題ではない。少なくともケアマネジメントという地域ケアの要となる役割を果たせる人間がいないということである。厳しい言い方であるが、現在ホームヘルパーにこうした専門職への指向性は乏しい。介護保険非対応ということで、ヘルパーサービスのニーズが確かめられなければ、ヘルパーの数を減らすこともやむを得ないであろう。何らかの生活支援を対象にしたヘルプ業務は残る可能性は高いが、楽観はできない状態である。

　また少なくともヘルパー自身に自分たちの専門性を高めていく努力がみられないのであれば、そうした意欲をもった職員を採用すべきであろう。

13) 生活福祉資金の貸付事業

　生活福祉資金の貸付も、また心配ごと相談事業も、民生委員と連携をとりながら社協が行う事業で、もともとは、貧困に陥らないための防貧対策として始められたものであり、その対象となるのは低所得の人たちだった。この事業は、県社協からの委託を受けて行っている事業であり、市町村単位で柔軟に運用することは難しい事業であるが、心配ごと相談事業等と連動させながら、有効な事業展開が望まれる。この低金利時代にあっては、低利とはいうものの社協の生活福祉資金に魅力が低下していることは否めない。生活相談にのりながら、その中で資金面での運用として、この資金を活用できるようにすべきであろう。また認知度も低いところからＰＲの必要もある。

14) 配食サービス

　職員サイドからは、配食サービスについてさまざまな要望が出ており、それらのうち早急に実行する必要のあるものも多い。配食数が増えていくのに職員が増えていかないこと。栄養士のいないことなど、改善しなければならない問題も多い。

　生活習慣病等の利用者のことを考え、カロリー計算をして、場合によっては低カロリー食なども考慮する必要がある。その意味で栄養士の採用は必須の条

件ではないか。

　職員は、なぜ配食を福祉サービスとして行うのかを再確認すべきである。もちろん、ある程度補助を行い、低額で実施しているということはある。しかし配食サービスを社協がやるメリットは、それを地域福祉活動の一環と考え、声かけや見守り活動と連動して行うところにある。その意味で、社協がホームヘルプ等他の在宅福祉サービスをもっていることは、配食サービスを通して、見つけだした利用者のニーズを他のサービスに結びつけていくことができるという意味で重要である。

　職員は利用者を社会福祉援助の視点から援助しているという意識をもつ必要がある、と同時に他のサービス部門とのカンファレンス等を通じて、業務の連携を図っていくべきである。また利用者アンケートやモニターをとることを通して、利用者ニーズを汲み取る作業も行う必要がある。

15）小地域ネットワーク活動

　介護保険や社会福祉基礎構造改革を踏まえた、地域住民の積極的な福祉活動への参加促進を図ること。また独居高齢者など地域における日常の支援が必要なものに対する支援策として小地域ネットワーク活動による見守り活動の推進を行う必要がある。

　市町村によっては、行政が主になりこの活動の実施を行っている地域もあるが、地域における見守り活動は住民が主となり実施することで効果があがる。行政主導型では住民の積極的な参加は得られにくく、地域における組織化活動は社協の本来の目的でもある。

16）ふれあいいきいきサロン事業

　介護保険の要介護認定における自立者を中心に、介護予防の観点から地域の独居高齢者等の孤立感の解消や生きがいづくり活動として、「里家給食」の活動を組み合わせた「ふれあいいきいきサロン事業」実施の検討を進める。

　国の事業として「介護予防・生活支援事業」の中に、生きがい対応型デイサービス事業が示されているが、この事業は主に現行制度によるデイサービス利用者からの自立認定者等が対象となってくること、個所数が限られてくることなどから、サロン事業ではボランティアを運営の主体と考えた小地域での実施を考え、また小地域ネットワーク活動との組み合わせにより、より効果的な活動

ができると考えられる。

17）地域における日常生活援助事業

　介護保険や社会福祉基礎構造改革による社会福祉事業法の改正が予定されており、今後の福祉サービスのあり方は確実に「措置」から「利用契約」へと変わっていく。その中で、判断能力が十分でなく福祉サービスを的確に利用できない地域住民を支援するための事業として県社協で「福祉サービス利用支援事業」が実施されるが、この事業を積極的に活用・協力して町での住民支援の方策を創り上げていく必要がある。

（3）事業運営上の組織体制

1）福祉の仕事にプライドとモチベーションをもつことが大事

　我々が仕事をする中でのモチベーションは、それは傲慢と思われようが、例えばこの仕事については自分が一番知っているというプライドがあるからモチベーションがあるのである。それは社協にも必要である。

2）危機意識をもち、自らの役割のとらえ直しを行う

　姶良町社協は今一つの岐路を迎えている。これで失敗してしまうと社協自体の存在そのものが危うくなってくる。そうした危機意識を理事や評議員ももつべきである。これだけの問題点を抱え、課題を抱えている社協であるから、今こそ大手術をしていかねばならないという意識をもつ必要がある。対外的には社協に期待される声もある。その都度その都度コミュニティ・オーガニゼーション、地域組織化、ボランティア育成、事業型、今度は介護保険への対応、権利擁護など。しかし昔から社協は期待を受けてきたが、ある種内部からの問題を自分たちで解決するということをしてこなかった。自分たちで事業や期待をとらえ直すことが必要である。

3）職員や事業についてのモニターやチェックシステムを考える

①利用者アンケートの実施

　職員の要望は分かったが、各種サービスの利用者も職員等に対していろいろな要望をもっているはずである。その意味では老人福祉センター、配食サービス、ホームヘルプサービスの利用者にアンケート調査を行う必要もある。

②自分たちの社協活動を評価する第三者機関も必要

　いわゆる事業がどうあるべきか、組織がどうあるべきかという部門が必要である。その意味で調査もしなければならない。それが形骸化していた。社協オンブズマンのようなチェック機関が必要ではないか。それは単に社協を監視するというのではなく、社協の職員からの意見も聞ける、社協の経営者側の意見もわかると、第三者として接点を見つけてくれるような組織があっていい。地域ごとの社協事業がどの程度浸透していくのか、住民がどういう意識でみているかという部分が定期的に観測できるような協力員のようなものを置けないか。

③職員に対する苦情処理システム

　職員に対して利用者から苦情がきたり、逆な意味で言うと職員側に対する意見を言う場というのもなければならない。

④職員間の連携―職員間の業務調整会議の必要性―社協業務の全体像の把握

　職員間の業務のある種の調整会議の必要性を感じる。これは他職種への理解と代替の問題でもある。社協内の、他の職種の人たちの仕事に対する理解と場合によっては自分たちが代わってやるかやらないかという問題である。

　職員の中に、職務と社協事業全体の中で自分が社会福祉に関わっているということ、自分たちがやっている仕事の全体像というもの、最終的に社協がめざすものについての理解が必要ではないか。継続的研修によって社協職員の共通基盤ができることが望まれる。

　他の法人では、セクションごとに責任者・副責任者を置く。そうしたリーダーが定期的にリーダー会議を開いて事業の全体調整を行う。どこの職場でも組織というのはそうするものであるから、社協の場合もそうしたシステムを取り入れるべきである。

　例えば老人福祉センターから2人、給食センターから2人、ホームヘルパーから2人、事務局から2人と職種間による定期的な調整会議を行う。場合によっては1週間に1回とか月に2回とかの頻度でやるべきである。

（4）会費と収入
1）会費の意味
　会費制度は、社協の基本である。社協が営利企業とも異なり、また行政とも違うのは、運営の一部を会費によりまかなっているという点である。会費を徴収するということは、単にお金を得るというだけでなく、地域住民に社協の会員であるというメンバーシップをもってもらい、住民参加という視点から、社協活動を展開していく、根拠ともなるものである。
　厚生省からの意見を待つまでもなく、社協は委託費や補助金に依存するばかりでなく、会費や寄付による収入を求めていくことが必要である。それでこそ、地域住民のニーズをダイレクトに汲み上げ、実施する団体としての特徴を明確にできるのではないか。
　また会員性を高めていくことで、地域住民のための社協という位置付けを地域住民の中に啓発することができる。
2）会費の値上げ
　会費を現在の 100 円から 300 円、そして 500 円へ段階的にあげていくこと。最終的には、1,200 円程度が適切ではないかと思われる。もちろん値上げには検討期間が必要であり、地域住民の社協活動を評価してもらうことが先決であろう。
3）会費の重層化
　一般会員のほかに、社協の事業に賛同をしてくれる団体・個人を対象に、少し大口の金額（1,000 円から 10,000 円）を年に払う賛助会費制度を考える（ふるさと会員、法人会員など）。
4）会費徴収についての理解を得ること
　町内会、地域住民等、社協活動について理解を得ることが基本である。住民の多くは、会費制度を知らなかったり、関心がなかったりする。会費値上げをきっかけにして地域に入っていくこと、地域の人に社協活動を理解してもらうことが必要である。
　住民の社協活動の参加というものをどのように今後進めていくかということを平行しないと会費は集まっていかないであろう。そのためには単に事業活動というだけでなく、地域ネットワーク活動だとか、ふれあいいきいきサロンだ

とか、住民が身近にサービスに接していけるような活動を行う必要がある。

５）会費制度の特典

　会員であることのメリットを感じられる事業の展開も考慮されてよい。

６）収益事業の拡大

　今後収益が見込まれる事業を積極的に開発していく。社協の性格上、それが公共の福利に資するものである必要はもちろんあるが、そうした中で柔軟に対応していくべきであろう。

　マーケティング・リサーチのような視点で、事業内容の評価、企画研究に関わる部会の創設が望まれる。理事はそのチーフとなるべきである。

（5）行政との関わり

１）社協と行政の間の対等な信頼関係の構築

　単に行政の下請け、外郭団体的性格を脱却し、対等な関係の中で公的性格をもつ地域福祉実践団体としての社協と行政との新たな信頼関係を構築する。そして住民ニーズを社協が把握し、それを行政サイドに提言していく（住民→社協→行政）、いわば地域住民の福祉ニーズを行政につなぐ橋渡し的な役割を担う。

　そのためには、地域住民の福祉ニーズを汲み上げるシステムと、そうしたニーズを充足するサービスを具体的に展開し、必要に応じて、行政にバックアップを要請する必要がある。

２）社協職員の民間としての意識の醸成

　8時30分から5時まで、土曜日、日曜日休みというシステムの見直し、勤務態勢の多様化を図る。

３）行政委託については、事務経費もみてもらえる交渉の必要性

　行政の委託事業では、十分な事務経費が得られない場合が多い。そのため社協は、事業型になり、職員が増え、所帯だけは大きくなったように見えるが、事務経費を捻出することが難しく、社協によっては事務職は、多忙を極めるという事態になっているところもある。そのため、委託事業に関しては、それに伴う事務経費もみてもらえる交渉が必要である。

（6）地域住民との関わり

1）地域住民に身近な社協活動

　小地域ネットワーク活動やふれあいいきいきサロンのように、住民が身近にサービスに接していけるような活動を社協でしっかりと行っていく必要がある。

2）社協の財源、財政構造の情報公開

　会費だけの問題に限らず、社協が進んでその財政等について、住民に情報公開をしていくことが必要である。少なくとも会費値上げ等を含む問題の大前提である。

3）値上げ根拠の説明

　財政公開の中で、会費の収入に占める割合や収入支出の割合がさらに近隣市町村との比較、県レベルでの比較等を行い、姶良町社協の水準を示すことなどをして、会費値上げの根拠を丁寧に説明していくことが求められる。

4）社協職員が値上げ理解に地域に出向くこと

　会費値上げは、会費値上げ自体を勝ち取ることも大切であるが、社協が地域に出向いて、辻説法のように説明会を展開していくことも重要である。これを突破口にして今まであまり地域に入っていかなかった社協が、自ら進んで出かけていくようにすべきである。

（7）地域福祉調査からみた改善点

　地域福祉調査から提言できることとして以下の4点があげられる。
町全体の評価の中で、「上下水道とごみ処理」「働きがいのある職場」「道路交通の便」「学校教育」などが低い評価である。このことは、後の自由回答「町への要望」としても具体的に示されている。

1）施設の社会化の点からも、ことに障害分野についての理解を地域住民に求めていく活動、啓発活動を社協のメニューに組み入れる。

2）市街地区の地域意識を醸成する活動を進める。

3）ボランティアの発掘を積極的に進める。

4）会費値上げについては一定の理解を得られている。ただし実際に値上げの理解を求めていく時には、事業と会計内容の明示が必要である。

（8）介護保険への対応

　介護保険の事業者としてではなく、介護保険から漏れてくる人、介護保険の陰に隠れてなおざりにされそうになっている福祉分野、姶良町の福祉コミュニティづくりに必須の活動などに焦点をおいた活動を行う。ただしケアマネジャー養成は必ず行っておくべきである。

（9）校区社協のあり方

１）姶良小校区の設立に向けて

　全校区社協の設立からいえば、姶良小校区は設立が当面の課題となる。しかしまた、校区社協の性格づけや目的、町社協との関係等についても、より明確にすることが必要である。

２）校区社協は、社協活動の先端組織である

　校区社協は、町社協が考える理念とか課題を達成していく一つの先端組織である。同時に地域課題を把握してそれを町社協を通して問題解決していく。地域福祉を実現していく大きな役割を担っている。

３）校区社協の総会に社協理事が参加できるような体制づくり

　社協理事は、校区社協の中にも積極的に入っていく必要がある。

４）校区社協代表者会議の開催

　町社協がコーディネートして、校区社協の代表者との連絡協議会を開催し、校区社協が抱える課題、また町社協としての方針説明などを行うべきである。

５）２、３ヶ月に１回ぐらいの意見交換会を地区でもつ

　それぞれの校区での意見交換会を頻繁に行い、生の地域の情報を共有しあう。

（10）地域福祉活動計画の作成について

１）社協のあり方検討から地域福祉活動計画へ

　姶良町社協のあり方や目標が定まったら、地域福祉活動計画を策定すべきである。あり方検討での結論をどの時点で実行するのかなど、計画づくりに反映させねばならない。地域福祉活動計画は、本来住民主体で行うべきものである。その意味から理事や評議員以外に一般住民からの意見を聞ける懇談会等が必要である。

地域福祉活動計画を作成し、具体的に実施となると来年から実行できるものもあれば、住民の意見を聞いたり、理事・評議員の意見を聞いたりして、2年3年くらいから具体化していくものもあろう。会費の問題等も1年、2年と時間をかけて住民に理解を得ながら進めていくべきであろう。

2）中長期的な社協活動のビジョンとプランを示すこと

場当たり的なものではなく短期・中期・長期計画を10年程度の見通しをもって作りあげていくべきである。一般には構想計画（10年）、課題計画（5年）、実施計画（3年）と言われるが、そのためには、社協と姶良町の地域福祉をどの方向にもっていくのかという明確なビジョンが必要である。

3）町の福祉計画との連動性

町の福祉計画（老人保健福祉計画や介護保険事業計画、障害者計画、子育て支援計画等）とあわせて地域福祉活動計画を考えていかねばならない。逆にそうした施策に対して一定の道しるべになるような地域福祉活動計画であるべきであろう。

4）計画から実践へ、そして評価へ

計画は、必ず、モニタリング（監視）や評価を伴うものと考える。そのためには、町民を中心とした評価委員会を必要に応じて作らねばならない。こうした評価委員会は、計画の達成度のみならず、社協事業全般にわたって、第三者的な立場から診断を加えていくべきである。

6．提言を受けての姶良町社会福祉協議会の変化

2000（平成12）年3月の提言は、その後理事会等にも報告された。報告を受けての姶良町社会福祉協議会の変化は次のようなものである。

（1）会長交代

会長であった町長が3月いっぱいで、会長職を辞し、民間人から会長が選出された。

（2）事務局長の交代

1999（平成11）年12月の時点で事務局長が退職した。年度途中の時期でもあり、役場からの出向であるが、新事務局長が後を引き継いだ。

（3）理事と評議員の定数削減

　定款を変更し、理事者15名から11名、評議委員31名から23名となり、あり方検討で提示した人数（9名と21名）とほぼ同様になった。

（4）担当理事と部会

　それぞれ、四つの部会を設け、担当理事制をしいた。

（5）栄養士の採用

　給食サービス職員からの要望もあり、栄養士の資格をもつ職員を採用した。

（6）研修会の企画

　理事職の視察研修を企画している。また職員と理事職との親睦会を行った。

（7）地域福祉活動計画策定への展開

　一度はとん挫した、地域福祉活動計画であるが、2000（平成12）年度から地域福祉活動計画を策定するために委員会を発足させている。これはあり方検討会の提言を受けて、それらを年次的にどのように達成していくのか、そのスケジュール等を具体的に練るものである。現在月に1回程度の討議を進めている。

　始良町社協あり方検討会では、幸いに提言が、その後理事会等の議を経て、確実に実現へ向けられている。人事は一新され、あり方検討会の提言を具体的に実現していくためのスケジュール等について、地域福祉活動計画の中で盛り込まれる予定である。地域福祉活動計画の策定委員会には、あり方検討会のメンバーが全員参加し、これに社協理事、地域住民、各種団体関係者が加わり、議論が進められている。

　これらの実現には、あり方検討会の報告を理解いただき、3月いっぱいで会長辞任を決意された、始良町長の英断によるところが大きい。

7. 汝自身を知れ、地域住民を鏡として

　介護保険が始まり、民間参入が進められる中で、社会福祉協議会はある意味で民間サイドからの攻撃にさらされている。民間企業からみると、社会福祉協議会の存在は、わかりにくい存在である。少なくとも、同じく介護支援事業者として、ライバル関係になりながら、その存在自体が、見えにくい。民間の社会福祉法人といっても、いわゆる福祉施設等の法人とは異なる。また単なるN

ＰＯともいいにくい。民間といいながら行政の職員が出向したり、行政ＯＢが天下ってくる。行政の外郭団体のようでもある。おそらく民間事業者にしてみればビジネスが公平な中で行われていないような印象をもつのであろう。[36]

　介護保険を契機に、社協は自分たちが競争原理の中で生き残っていけないことを意識し、早々と白旗を掲げたところもある。介護保険が始まると、社協の何割かは、つぶれていくだろうと予想した研究者もいるくらいである。実際にいくつかの社協では、職員を他の法人に再雇用してもらったり、自ら自分たちに経営手腕がないことを暴露するようなところもあった。

　社協はもともと、その名の通り、事業体というよりは協議体である。在宅福祉が浸透する中で、その協議体である社協に事業体としての役割を持たせようとした。かつまたある意味で社協は、審判の役割をこなしながら、また選手としても活躍せねばならないのである。そうした中で、社会福祉法の成立は、社協に新たな役割を担わせている。時代とともに、社協はさまざまな役割を期待されてきた。しかし、それらは、繰り返しになるが社協が地域住民との地道な対話の中で進めてきたものとは、必ずしも言えなかった。新たな期待への指向性を考える前に、社協はもう一度、自らの存在を再確認し、そして、自己覚知すべきである。その中からこそ、明日の社協もみえてくるのではないか。

　姶良町社協あり方検討会の活動はそうした、自分自身を知るための振り返りの活動であり、また明日の社協を作るための、地域福祉活動計画策定へ向けての第一歩であったと言えよう。あり方検討会で議論されたテーマは、社協内では、ある意味でタブー視されてきた問題をも含んでいる。その意味からもあり方検討会は、単なる組織内部者だけの内輪の問題検討に終始すべきではない。自らの立場を第三者にあるものの評価に委ねることも必要であるし、必要に応じて、情報公開も求められていく。[37]

36　もちろん社協側も反論する。社協は、公共性の高い団体であり、民間であれば、採算を考えて入ろうとしない、小さな地域社会の中にも、入っていく。

37　本稿は、ベースとなる「あり方検討会報告」に全面的によっている。やや厳しい内容を含んでいるが、あえて具体的な町名を出した。この点当時の前社協会長である福元久夫町長、現会長春山義治氏、またあり方検討会の各委員の方々のご理解に対して深く感謝する。もとはといえば、「あり方検討会」は当時の副会長であった伊東安男氏によって発案され、委員長として筆者が迎えられたといういきさつがある。１年という期間であったが、戦後の社協活動をどこかで総括し、また点検をする活動として意義深いものとなった。今後他の社協でもこうした活動が行われることを期待する。

8．社会福祉協議会あり方検討その後—改革を地元新聞はどう伝えたか

　2000（平成12）年3月「社協あり方検討会」は、提言を姶良町社協に提出し、役目を終えたが、南日本新聞は、2002年「かごしま地域福祉21世紀」という特集の第一部として、この「社協あり方検討」の活動を7回にわたって記事にしている。新聞は新聞なりの切り口で、このあり方検討とその後のなりゆきを報じている。ここでは、この7回の記事を追いながら、あり方検討会の意義と普遍性について議論したい。

　第1回目は、「**社協って何？、姶良の試み／1・『スーパーマーケット』＝役割多彩、認知度は低く**」（**掲載日2002年1月31日**）という見出しで、さまざまな福祉活動を行いながら、県民には今ひとつ実態が見えていない社協について述べている。そのなかで天文館で100人の人に聞いたところ、「社協という名前は聞いたことがある」「よく知っている」と答えたのは合わせて76人。しかし、実際の役割を知っているのは30人だけだったという。後半部は「介護保険の導入など社会福祉の構造改革が進み、社協の活動が一段と注目されている。こうした中で、姶良町社協は一九九九年、自らの存在意義を問い直す『あり方検討会』をつくった。県内の社協では初の試みだ」と述べ、「国の『保護』から地域での『支え合い』へ。二十一世紀の日本の福祉は今、転換点を迎えている。鹿児島も例外ではない。自分たちの暮らすまちの福祉、生活をどう支えていくのか。地域に突きつけられた課題に姶良町社協は真正面から取り組んでいる。第一部はその活動を追う」という言葉で結んでいる。

　2回目は、「**社協って何？、姶良の試み／2・『実態調査』＝住民ニーズつかみたい**」（**掲載日2002年2月1日**）という見出しで、あり方検討で行った住民調査の内容に触れている。そのなかで、社協の認知度の低さや「事業内容がよくわからない」「町民が気楽に相談できる団体に」「会費値上げだけでなく、自主財源を確保する工夫を」など、町社協に寄せられたさまざまな意見を紹介している。

　3回目は、「**社協って何？、姶良の試み／3・民間サービス業＝あり方めぐり**

課題噴出（掲載日 2002 年 2 月 2 日）」の見出しであるが、ここは全文を紹介する。社協運営に関して、手厳しい意見が内外にあることを紹介する。

　「会長は実務と離れ名誉職にすぎない」「理事会で発言すらしない理事は必要か」「会費を払っていることを知らない住民が多く、事業展開へ値上げの総意ができない」「事務局長は役場ＯＢの天下りで、任期が短い」

　姶良町社会福祉協議会（社協）のあり方検討会は、昨年四月の第一回会合から問題点が次々と挙がった。土、日曜日を利用して十回開いた会合は、休憩なしで二時間半から三時間に及び、議事録や資料はＡ４判ファイルで三冊にもなった。

　検討会のまとめ役を務めた鹿児島国際大学の高橋信行教授は、「タブーのない率直な意見の拾い上げに力を注ぎ、町社協の抱えるウミと課題を出し切ることを目標にした」と語る。

　職員自身にも社協のあるべき姿を考えてもらうため、社協内研修を三回行った。それまで社協内で職員が集まり、研修や学習会などしたことはなく、初めての試みだった。そして研修を通じ浮き彫りになったのは、利用者のニーズをつかむことや社協内の各部署の連携の悪さなど、「サービス業」としての認識の甘さだった。

　検討会メンバーの伊東安男さん（56）は、同町で保育園や介護保険事業所などを運営する社会福祉法人の理事長だ。「社協には経営感覚が欠けている」と、社福法人を運営する立場から厳しい発言を繰り返してきた。

　「職員がわずか六、七人の施設ですら、生き残りのために社会福祉士や介護福祉士などの資格を取るのに必死。社協は公共性のある機関だが、民間サービス業でもあるという意識がない」。さらに介護保険の導入や少子化の中で、「企画立案やサービスの質向上が、福祉の現場には強く要求されている現実を社協は知らなさすぎる」と手厳しい。

　民生委員の立場で検討会に加わった竹内和夫さん（74）は"お上体質"を指摘する。補助金や委託金などの税金に大きく依存した財政構造から、「いざとなったら役場が面倒をみてくれる」という甘えだ。そうした構造が「社

協の沈滞につながっている」とみている。

　困っている住民の要望をつかんだり相談に乗ったりするのが民生委員の役割で、社協との連携は欠かせない。「だからこそ、社協の活性化は住民のプラスになる」と訴える。

◆

　社会福祉の構造改革が進む中で、社協を取り巻く環境は大きく様変わりしている。"お飾り"の会長、二、三年で辞める行政ＯＢの事務局長、税金依存の割合の高い財源―。

　南薩の社協の事務局長は、「天下りでやる気のない会長や事務局長は、現場で働く職員の士気に響いている」と自ちょう気味にこぼす。

　北薩のある福祉施設の責任者は「役所のように土、日が休みの社協はいらない」と社協不要論を語る。

　改革を怠る社協への不満は強くなりつつある。「始良町社協の抱える問題は、同町だけのことにとどまらない。社協全体の構造的課題」。県社協地域福祉部の福田正道副部長は、ほかの社協も追随しあり方を見つめ直すことを期待する。

　4回目の見出しは「**社協って何？、始良の試み／４・より身近に＝校区組織通じ浸透図る（掲載日2002年2月3日）**と、校区社協活動について紹介する。記事のはじめは、「昨年暮れの日曜日、始良町内のスーパーの前で、共同募金の法被を身につけた児童・生徒らの元気な声が響き渡った」と、校区社協活動として子どもたちが募金活動に参加した様子を伝えている。「子供たちの参加は職員の意識も変え、社協職員らも街頭に立った。これも初めてのことだった。それまで企業への募金依頼は振込用紙を同封した封書を送るだけだったが、事務局長らが企業に足を運び直接頼むようにした。それまで始良町の共同募金の目標達成率は、県内の社協では最下位クラスの70％台にとどまっていた。しかし、2001年度は目標額を減らしたこともあるが、街頭募金が集まったことで達成率は96％にはね上がった。」あり方検討での共同募金への提言を述べたが、着実に変わってきたことが実感できる。

　5回目は「**社協って何？始良の試み／５・安定財源確保＝負担増へ住民理解**

求め（**掲載日 2002 年 2 月 4 日**）と会費値上げの問題をとりあげた。そのなか
で会長の言葉として、大半の自治会長からは会費値上げについて「理解できる」
との姿勢はあるが、実際に値上げとなると、住民の理解は簡単には得られない
という。住民に十分説明しないまま自治会費と一緒に徴収したりしてきたから
だ。

　6 回目は「**社協って何？・姶良の試み／6・宅配給食＝質向上へ専門性生か
す**」（**掲載日 2002 年 2 月 6 日**）と、社協事業の中でも力を入れている事業と言
える給食サービスについてである。ここは全文紹介する。

　「おばあちゃん、体の調子はどう？」「いつもお弁当ありがとうね」
　姶良町社会福祉協議会が、独り暮らしの高齢者らを対象にした宅配給食
の光景だ。町の受託で日・祝日を除く毎日、お年寄りらに給食を届けてい
る。宅配は、高齢者それぞれの安否を確かめる大切な役割も兼ねている。
　訪問給食が始まったのは九年前。当初はスタッフに栄養士の資格を持つ
者はおらず、毎月の献立を考えるのは資格のある町職員の役目だった。し
かし、町職員がスタッフにメニューを示すだけで、一緒に調理場に立つこ
ともなかった。
　その後、その町職員が退職。このため、調理師の小路（こすじ）文子さ
ん（48）らが、自分たちで献立を考えて調理していた。
　「どうしても調理師の立場で考えるので、お弁当はカロリーや栄養より見
栄えに偏りがちだった」と小路さんは率直に認める。また、献立がマンネ
リ化することもよくあったという。

◆

　こうした中で、姶良町社協のあり方検討会は、「栄養士がいないのはサー
ビスの質の点からも問題がある」と改善の必要性を指摘した。社協は、委
託費に栄養士一人の人件費を含むように町と交渉した結果、正職員として
2000 年に初めて栄養士を採用することが決まった。
　栄養士が入ったことで、「弁当の中身が明らかに違ってきた」と小路さん
は話す。高齢者は高血圧や血糖値など持病を持つ人が多い。細かいカロリー
計算で、塩分や油分を控えたり、同町北山地区の有機イチゴなど地元の食

材もふんだんに使ったりと、マンネリ化からの脱却も進めた。

　採用された栄養士の長井美帆さん（22）は、やりがいのある仕事だと言う。「訪問給食は、ただ弁当を配ればいいわけではない。お年寄りの安否確認や暮らしぶりをつかむなど、社協ならではの大事な役割がある」

◆

　訪問給食に限らず、介護保険の導入などを機に、福祉の現場でサービスの質を求める声は高まっている。姶良町社協は職員の質を高めるため、「定期的な研修も実施したい」（春山義治会長）意向だ。

　しかし、十分なサービスの質を確保するには、長い目で計画を立てることと専門性が欠かせない。そのために、「事務局長などプロパーの育成も課題」と話す社協関係者は多い。

　社協事務局長に行政ＯＢが"天下り"で就くケースが後を絶たない。そのメリットは「行政との太いパイプ」となって予算や事業の獲得に有利というわけだ。

　だが、垂水、輝北、入来などのように事務局長は、社協生え抜きという社協も少なくない。枕崎市社協の橋口務事務局長（62）もその一人。「ふだんから町の福祉担当と密接に情報交換しているので、特に市にパイプがないという意識はない」とプロパーでも問題ないという考えだ。

　そして、「天下りが問題なのは、腰掛け気分や福祉に興味のない行政ＯＢが事務局長に就いたときだ」と指摘する。特に任期が二、三年と限られていると、「福祉業務に慣れたと思ったら、もう退職。その繰り返しできている。だから長期的な展望を期待しようとしても多くは望めない」。橋口事務局長はこう訴える。

　あり方検討で提案した、栄養士の採用が具体的に進んだ様子や、行政ＯＢが短期間だけ事務局長として働くことの問題について、他市町村の職員の言葉は説得力がある。

　そして最後に７回目「**社協って何？、姶良の試み／７完・活動計画策定＝原点に返りニーズ探る（掲載日2002年2月7日）**」、あり方検討から「地域福祉活動計画」への流れである。ここも全文掲載する。

　姶良町社会福祉協議会（社協）は現在、二年越しで「地域福祉活動計画」の策定を進めている。活動計画は、自治体の計画が理念的になる傾向があるのに比べ、地域の実情に合わせ、より実務的な活動を行う狙いがある。

「行政の責任を明確にしたほうがいい」

「住民参加の観点から個々の責任では」

　二月四日の策定委員会では、障害者施設関係者や校区社協会長ら九人の委員が、行動計画の理念と基本方針の文面についてさまざまな意見を出した。

　社協改革の口火になったのは、2000年6月に制定された「社会福祉法」と関係者は口をそろえる。

　それまで地域福祉にも社協のあり方にも法的に明確な規定はなく、初めて社協が「地域福祉の推進役」として明文化された。

　昨年12月、鹿児島県社協は、牧園町のホテルで市町村社協の中堅職員を対象に研修会を開いた。研修内容は、社協のあり方と地域福祉行動計画の策定について。

　県社協の寺園晃地域福祉部長は研修の狙いに、「法整備であらためて地域福祉がクローズアップされ、社協活動に関心が集まっているため」と語る。

　姶良町社協が進める改革の試みに関心を寄せるほかの社協も出てきている。

　郡山町社協もその一つ。1月31日、会長や理事ら八人が姶良町社協を視察した。郡山町社協の境田紀弘事務局長は「社会福祉法の理念は地域に根ざした福祉。原点に返れということ。とにかく何かしなければという気持ちから来た」と胸のうちを明かす。

　市町村合併も社協のあり方と無関係ではない。岩手県社協は2000年度、「市町村社協運営基盤強化委員会」をつくり、県内59市町村社協のあり方を見直しつつある。同県社協の菊池昭治地域福祉課長は「きっかけは社会福祉法と市町村合併問題。社協も広域で事業を考えなければならなくなった」と委員会設置の理由を話す。

　　この四月から精神障害者の在宅支援の主体が県から市町村に移る。来年
　度は障害者の支援費制度も始まる。その事業の受け皿の一つとして期待さ
　れるのが社協だ。
　　それには、「住民ニーズと問題点を明確にするために、地域福祉活動計画
　の策定は欠かせない」。姶良町社協策定委員会のリーダー役の高橋信行鹿児
　島国際大学教授は、こう強調する。
　　新興住宅地を抱える姶良町。同町社協の折田浩二福祉活動専門員は「こ
　れからは児童福祉にも力を入れたい。手薄だった障害者分野も積極的に事
　業を展開できたら」という。子育て支援や障害児ミニキャンプなど、活動
　計画に盛り込みたい新規事業はめじろ押しだ。＝おわり＝

　あり方検討会の活動から姶良町地域福祉活動計画策定の機運が生まれたが、
この新聞報道は、次章の「隼人町地域福祉活動計画」の仲介となったとも言え
る。

文献

鹿児島県社会福祉協議会二十五年誌編集委員会編（1979）『鹿児島県社協二十五年誌』
　　鹿児島県社会福祉協議会
川喜田二郎（1967）『発想法』中央公論社
全国社会福祉協議会地域福祉部編（1992）「社協活動マニュアル3　地域福祉活動計
　　画策定の手引」全国社会福祉協議会
中央共同募金会（1996）「21世紀を迎える共同募金のあり方委員会（答申）新しい『寄
　　付の文化』の創造をめざして」https://www.ipss.go.jp/publication/j/shiryou/no.13/
　　data/shiryou/syakaifukushi/567.pdf（2024年1月11日参照）

※本章は、以下の既刊論文に加筆し再録したものである。
高橋信行（2001）「姶良町社会福祉協議会あり方検討会の活動」鹿児島国際大学地域
　　総合研究所『地域文化と福祉サービス―鹿児島・沖縄からの提案』日本経済評論社

第6章

地域福祉活動計画と住民参加
―隼人町地域福祉活動計画の軌跡―

はじめに

　社会福祉の施策や実践において、地域福祉の推進と計画化の流れが重要になってきている。生活の場としての地域社会の重要性が認識されているにも関わらず、限られた地域社会の親しい人間関係の中で、相互に助け合いながら地域生活を営んできたといった「牧歌的コミュニティ」（倉沢 1998:11）のイメージは、都市化の進行ですでに崩れている。これまで各種の審議会、例えば 1969（昭和 44）年の国民生活審議会調査部会「コミュニティ―生活の場における人間性の回復」報告書、1971（昭和 46）年中央社会福祉審議会答申「コミュニティ形成と社会福祉」などでも、地域住民の生活様式の変化に地域社会が対応できていないことの指摘の中で、あらたな「コミュニティ」の創設が唱えられた。

　社会福祉の展開も、福祉サービス利用者を施設に入所させてケアを行うよりは、長年住み慣れた地域社会の中で支援を行っていこうとする在宅福祉の考え方が重要視されるようになってきている。

　また地方分権の流れの中で、在宅福祉の推進とともに福祉サービスに対する身近な自治体の積極的役割が求められる。そのためには、福祉サービスを場当たり的に行うのではなく、一定の期間の中で、どこまでの課題を達成していくのか、福祉サービスを計画的に推進していくことが必要である。各種自治体は、自治体規模の福祉計画を策定してきている。ことに近年、こうした福祉計画の策定に関して住民参加のあり方がことさらに強調されている。それは単に、住

民の意見を聞くというレベルから、住民とともに福祉計画をつくっていくというところまで進められている。

　そうした意味から今後の地域福祉の推進は、社会福祉の一つの流れを形成しているといえ、社会福祉法に、地域福祉の推進団体として位置づけられた社会福祉協議会の役割は大きい。地域福祉には、自分たちが生活する地域社会の問題解決に専門職や行政ばかりでなく、できるだけ、地域住民自らも関わっていこうとする姿勢があり、地域社会を構成している住民、自らがお互いに助け合い、組織化しながら、地域社会を住みやすいまちにしていこうという福祉のまちづくりの視点が含まれている。その意味で、社会福祉協議会を中心に展開される地域福祉推進の活動計画は、地域再生を福祉サイドから行うことを狙いとしているものでもある。

1．地域福祉活動計画と地域福祉計画

（1）地域福祉活動計画とは何か

　地域福祉を推進する民間組織である市区町村社会福祉協議会が中心となり、その地域福祉活動を効果的に推進するために策定するものが「地域福祉活動計画」である。全国社会福祉協議会（以下全社協）では1991（平成3）年度に地域福祉計画策定指針を作成し、これに基づき、「地域福祉活動計画策定の手引」を作成している。これは、1984（昭和59）年に全社協が「地域福祉計画～その理論と方法」で提唱した社協の策定する地域福祉計画を発展させ、福祉関係八法の新しい地域福祉の時代に対応した社協がになうべき地域福祉活動のための計画づくりの指針と言われている。（高橋紘士 1993：14-15）

　地域福祉活動計画は、「福祉ニーズが現れる地域社会において、福祉課題の解決をめざして、住民や民間団体の行う諸々の解決活動と必要な資源の造成・配分活動などを組織だって行うことを目的として体系的かつ年度ごとにとりまとめたとりきめ」（全国社会福祉協議会 1992：7）をいう。

　計画づくりのねらいは、次の4点であると説明できる。

①地域住民が地域で解決すべき地域福祉の課題を認識し、解決の方策をさぐる過程として、つまり「学習としての計画」である。

②計画に関わる人々に、計画策定の課題・地域の福祉問題状況・解決方法につ
　いての情報を提供する「情報過程としての計画」である。

③地域住民の理解と協力が得られるような組織づくり、関連機関・団体とのネッ
　トワークなど「組織づくりとしての計画」である。

④地域の諸組織・地域活動の担い手と協働関係を築き上げる活動の「戦略とし
　ての計画」である（全国社会福祉協議会 1992：8）。

　つまりそれは、「啓発」「情報提供」「組織化」「協働」を四つの柱にしている
と言える。計画づくりのねらいとしてもうけられたこれらの4点は、ある意味
で社協が自らの地域福祉活動の中で実践していることでもあり、計画づくりも
当然関連を持つが、基本的に活動計画は、地域の解決すべき問題を把握して、
社協事業として、あるいは他の福祉団体、地域住民の福祉活動として、どのよ
うに解決していくのかの目標を設定し、一定のスケジュールの中で具体化する
見取り図のようなものと考えられよう。その意味では上に示された項目は、ね
らいというより機能と言った方が正確であるようにも思うが、元来の社協活動
には、結果も重要であるが、プロセス指向の活動も多く、その意味では調査や
計画をあえて、上記のねらいを意図した戦術として把握することも必要であろ
う。

（2）行政計画との違い

　地域福祉活動計画も社会福祉計画の一つであると考えられるが、民間サイド、
特に社協を中心に展開される点は、老人保健福祉計画など行政が行う社会福祉
計画とは異なる。全社協編「地域福祉活動計画策定の手引」（以下「手引」）で
は、行政計画との違いを次のように述べている。

　　　行政が策定する計画は、法律や条例及び予算措置を背景として、現行の
　　施策の拡充や行政の責任で整備すべき施設や人員、財源などの福祉資源の
　　整備・調達を目標とし、通常、議会の承認を得て、決定されるもので公的
　　責任を計画にしたものである。

　　　地域福祉活動計画は、住民の福祉ニーズを背景として福祉課題解決を住
　　民や民間団体の諸活動によってすすめるものであり、その内容は、第1に

　　住民のもつ福祉ニーズを明らかにし、これを解決するために専門機関や専
　門職の役割分担を行いながら、住民が自発的な活動と創意工夫を発揮しやす
　い環境を醸成するための諸活動。第2に住民の福祉問題に対する理解促
　進の活動や参加を促進する諸活動。第3に住民のさまざまな要望や願いを
　「福祉のまちづくり」として位置づけ、それを実現していくためのソーシャ
　ルアクション機能までも含んだものである。そのような視点にたつと社協
　と地域福祉活動計画は行政が策定する行政計画を促進するという機能を合
　わせ持つことになる。
　　　換言するならば、福祉問題の把握から問題解決までの一貫したながれを
　計画化したものであり、民間の活動・行動計画という性格をもつものであ
　る（全国社会福祉協議会 1992：7）。

　この中では、いわば行政計画を側面的に支える施策として位置付けられてい
る。民間計画であり、行政の計画づくりに対して先駆的な意義を持ったり、あ
るいは異議申し立てをしたりする側面もある。また「地域福祉活動計画は、そ
の性格上、地域を生活の場とし、愛着をもっている住民を主人公にして策定さ
れるものであり、住民の活動を基礎とした『福祉のまちづくり』を展望し、地
域福祉を実現するための手がかりとなるものでなければならない。そしてなに
よりも地域福祉活動計画づくりの意義は、自分たちの地域についての共通の目
標づくりにあり、計画にもとづき活動をすすめ、行動するという点にある。故
に地域福祉活動計画は、二つのねらいを含むものである。一つは、福祉サービ
スの提供を民間の立場で独自に企画し実施することにより、地域における福祉
サービス供給に厚みをもたせることである。二つめは、地域で展開する諸サー
ビスを包含しながら、地域社会を構成するさまざまな組織の合意に基づいて誰
もが安心して生活できる福祉のまちづくりを推進していくことである」（全国社
会福祉協議会 1992：8-9）。では、ここに計画策定団体としてあがっている社協
と地域福祉活動計画はどのような関係にあるのか、「手引」では以下のように説
明する。

　　地域福祉活動計画は、住民や各種団体・機関の自主的・自発的な活動内

容を主な柱とするので、地域福祉推進の民間の中核組織としての社協が策定することになる。その理由として、社協は「地域における住民組織と公私の社会福祉事業関係者等により構成され、住民主体の理念に基づき、地域の福祉課題の解決に取り組み、誰もが安心して暮らすことのできる地域福祉の実現をめざし、住民の福祉活動の組織化、社会福祉を目的とする事業の連絡調整および事業の企画・実施などを行う、市区町村、都道府県・指定都市、全国を結ぶ公共性と自主性を有する民間組織である。」と「新社協要項」にあるように、まさに住民や福祉関係者が結集した組織であるからである。また社協の活動領域と地域福祉活動計画の内容とが合致するからである。（全国社会福祉協議会 1992：9）

　こうして地域福祉活動計画の策定団体として、市町村社協の中には、具体的な計画づくりに入ったところも多く、第 2 次計画、第 3 次計画までも策定中のところもある。しかしまた計画作りに消極的な社協があることも事実である。

（3）地域福祉計画との関係

　これまで「地域福祉計画」という用語は、社協を中心とした活動計画を含め、主として民間計画の中で議論されてきた。しかし、社会福祉基礎構造改革の中で、地域福祉の推進が求められ、社会福祉法の制定にあたって、行政計画としての「地域福祉計画」の策定が求められるようになった。社会福祉法に明記されているが、老人保健福祉計画や介護保険事業計画のように策定義務の計画ではない。[38]

　行政計画としての地域福祉の推進計画の歴史は、1989（平成元）年東京都が、地域福祉に関する計画を「三相計画」として、①都が策定する地域福祉推進計画、②市区町村が作成する地域福祉計画、③住民が主体的に策定する地域福祉活動計画に、行政計画と民間計画をわけ、またその関係を明示したことにさかのぼることができる。

　こうした行政計画としての地域福祉計画のあり方については、役割分担の固

38　現在は努力義務計画となっている。

定化を危惧する意見もある。牧里は、「最終段階の『地域福祉計画』策定レベルは行政と社協が協力しあって策定する計画と規定できる。『地域福祉推進計画』における片肺飛行ではなく、公私両輪そろった、実行性をもった計画策定ということができる」（牧里 1996：87）と述べている。

　これに対して京極は、市町村の行政責任で地域福祉計画を策定すべきことを否定してはならず、行政計画としての３プラン（高齢者、障害、児童）を包括し、その上で独自の施策を財政的支援を踏まえて策定せざるを得ない以上は、市町村行政の強い関与は必要不可欠である」（京極 2002：54）と述べる。また京極は、地域福祉の推進計画を社協の専売特許に考えることに疑問を示し、先進自治体企業においては農協、生協、NPO の各種団体が計画づくりに積極的役割を果たしてきた点を指摘する。

　地域福祉活動計画と地域福祉計画の関係に関して、京極は、「①活動計画に盛り込まれたサービス目標などは地域福祉計画の一環をなし、②活動計画がサービス目標と直接かかわらなくても、地域福祉計画の実施を円滑にさせるという点で重要な関連をもつこと、③地域福祉計画の策定を住民参加で積極的に行っていくこと、それ自体が地域福祉の活動計画になるという点で、地域福祉活動計画の側面をもつともいえる」（京極 2002：53-54）と述べる。

　地域福祉活動計画と地域福祉計画の関係はいまひとつ鮮明ではないが、地域福祉計画策定に際しては、社協に積極的に協力を求め、地域福祉活動計画の策定と一体的におこなうべきであるということは指針等でも主張されている点である。実際には、高浜市や都城市のように、両者を一体のものとして作成させたところもあれば、鹿児島市のように行政計画である地域福祉計画を先行させたところ、またこれから述べる隼人町のように地域福祉活動計画を先行させたところなどさまざまである。

２．隼人町地域福祉活動計画の軌跡

（１）隼人町の概要と隼人町社協

　隼人町（現在霧島市に合併）の総人口は、2003（平成 15）年 10 月現在で36,782 人である。隼人町は、鹿児島県の町の中では人口規模の比較的大きな自

治体であり、鹿児島県で 2、3 万人の市があるなかでは目立っている。第一次産業人口の減少、第 3 次産業人口の上昇は、他の市町村とも共通しているが、過疎化と高齢化にある各地の小規模自治体の中ではやや異なる特質を持っている。昭和 30 年代から 40 年代にかけて一時期人口は減少しているが、他では一貫して人口が増加しており、2003（平成 15）年の高齢者率も 20.2％である。（鹿児島県 2003）高齢化が進む、鹿児島県の自治体にあって、県平均の 24.0％を下回っているのである。ベッドタウン化している地区もあるし、人口の移動もある。その意味で、古くからその地区に住んでいる人と新しく隼人町に来た人たちの考え方の違いも予想できる。

　隼人町社会福祉協議会は、1954（昭和 29）年に設立、1967（昭和 42）年に法人化され、地域の組織化活動や在宅福祉を推進してきた。ことに 1978（昭和 53）年から始まった老人給食サービスは、365 日、一日二食という毎日型で進められ、全国の注目を浴びた。（鹿児島国際大学大学院福祉社会学研究科 2004：8）介護保険事業にも、事業者として積極的に関わってきている。社協の目標として、1．地域見守り活動（小地域ネットワーク活動）、2．在宅福祉サービスの充実、3．ボランティア事業の推進、4．介護保険事業の推進が掲げられている。（鹿児島県社会福祉協議会 2002：136）

（2）隼人町地域福祉活動計画策定の発端（事業型社協としての展開と矛盾）

1）策定が進まない地域福祉計画

　先に述べたように、地域福祉活動計画と地域福祉計画は一体的に策定されることが望ましいとされているが、地域福祉計画の策定率は必ずしも高くない。それは法に規定されているものの、義務規定ではない点、合併問題が多くの自治体で浮上しており、地域社会の枠組みがかわる可能性がある点などがあるからであり、鹿児島県内をみても、現在（2003 年時点）策定を行っているのは、鹿児島市だけである。隼人町の場合は、社協が中心となり、地域福祉活動計画の策定を先行させたのである。もちろん、その後行政が地域福祉計画を策定するかどうかは現時点でわからない。

2）背景となる問題意識「介護保険はいいが地域の組織化が手薄になっている」

　隼人町社会福祉協議会を中心にした「隼人町地域福祉活動計画」は、正式には 2003（平成 15）年 5 月 16 日の第 1 回隼人町社協地域福祉活動計画策定委員会を開始日と考えることができるが、社協内部では、前年度から計画策定に向けて何回かの会議がもたれていた。

　地域福祉活動計画づくりについては、当時の社協会長の強い問題意識があった。隼人町社協は、介護保険導入以前から入浴サービスや給食サービス事業、デイサービス事業等の在宅福祉サービスを展開してきており、特に 365 日、1 日 2 食の給食サービスは全国的に注目されてきた事業であった。介護保険事業に対しても積極的に事業展開を行い、運営も安定していたが、そうした中で地域福祉推進団体としての社協のあり方について問題意識が浮かび上がってきていた。確かに在宅福祉サービスを提供することで社協は地域福祉の推進を行っているが、社協が担ってきたもう一つの地域福祉推進の側面、地域組織化や福祉のまちづくりにそれらがいまひとつ結びついていないという思いを社協会長は持っていた。この問題は、隼人町社協に限った問題ではなく、「事業型社協」の名のもとで、行政委託事業や介護保険事業は展開されたが、ボランティアの育成、小地域活動の促進、福祉のまちづくり活動は手薄になってきていた面は、他の社会福祉協議会も共通した問題であったろう。[39] こうした社協活動の限界点を会長自身がよく理解していたからこそ、いわば介護保険での収益を地域づくりに投入していこうという志向性が生まれてきたのである。

　介護保険事業を中心とした在宅福祉サービスへの偏りに対する反省として、地域福祉活動計画策定がでてきた点は、留意しておくべきである。つまり専門的ケアサービスの充実や質の担保は、そのままでは、必ずしも住民主体の地域福祉推進に結びつくとは限らないということである。それは、利用者と援助者を二分し、質の高いサービスの提供は、援助者側に求められるテーマとなりやすい。少なくとも隼人町地域福祉活動計画づくりの背景には、こうした問題意

39　確かに、事業型社協は、理念としては最終的に地域福祉活動計画の策定や福祉のまちづくりをうたっているが、現実にはこれら委託事業を進めれば、その到達点としておのずと福祉のまちづくりが見えてくるというものではないのである。

識があった。[40]

　在宅福祉の推進によって地域福祉活動計画についての問題意識が煮詰まることもあろうが、在宅福祉の推進によって地域組織化への接近の限界が意識され、それが地域福祉活動計画へ結びつくこともある。

3）事前打ち合わせ

　地域福祉活動計画策定に向けての内部的な動きはあったものの、地域福祉活動計画策定についての全体のコーディネーターとして筆者に会長より依頼があり、事前に3回の会議を持った（2003年2月13日、3月13日、4月3日）。事前打ち合わせでは、以下のような地域福祉活動計画についての討議があった。（3月13日会議での話）社協内の主要メンバーに対して、地域福祉計画と地域福祉活動計画の特徴、全体の方針、方法について筆者が考え方を述べた。以下はその内容を要約したものである。

①　地域福祉計画、地域福祉活動計画の考え方と鹿児島県の状況

　地域をターゲットにおいた計画として地域福祉計画は社会福祉法に明記されたが、鹿児島県における地域福祉計画の現状はいまひとつ動きが悪く、今のところ鹿児島市しか策定していない。合併、支援費制度、介護保険見直しの中、実態の不明確な地域福祉計画策定には、各自治体とも二の足を踏んでいる。

　地域福祉計画は、社会福祉に関する総合計画といった位置づけであり、その中で行政計画ではあるが地域住民が主体的に参加する計画である。地域福祉の推進においては「結果」も重要だが「過程」が重要であるという「プロセス志向」が強調されてきた。住民に話を聞きましたというだけではなく、計画の策定メンバーとして汗をかいてもらうことが必要であり、行政にお願いをするだけでなく住民として役割を担うことが求められる。住民、福祉関係者、NPOボランティア等がスクラムを組んでつくる計画が地域福祉計画である。しかし鹿児島県内の現状からみると総合的な福祉計画、住民参加型の計画づくりは、容易なことではない。地域福祉計画は、素案のところから住民に関わってもらおうということを旨としているが、現実に策定されているものを見てみると、必

40　隼人町社協の決断は、ある意味で、事業型社協のあり方をそのまま実践しているようにもみえる。つまり、介護保険導入にともなうケアマネジメント等の結果として、地域福祉活動計画への機運が醸成されているからである。しかし現実には、介護保険事業展開の偏向に対する問題意識によるものだった。

ずしもうまくいっていない。住民主体の計画づくりに関して住民側も十分な用意ができておらず、「住民主体と言われても住民も市役所で素案をだしてもらわないと自分たちでつくれない」ということになりやすい。行政が素案をつくり、ご意見伺いのレベルにとどまることも懸念される。

　行政計画として計画を作る限りは、行政も責任を求められる。単に住民の意見をまとめましたというわけにもいかないだろう。そう考えていくと行政計画よりは、民間計画としての地域福祉活動計画の方が、つくりやすいということもある。もちろん、これら作成される地域福祉活動計画は、地域福祉計画の策定を念頭においた地域福祉活動計画であるべきである。何をテーマにするかについては、社会福祉法に明記された「地域福祉計画」の内容を十分意識してつくるべきである。策定にかける時間も1年半から2年程度の期間を要することになろう。最初の半年は行ったり来たりしながら地域にある問題や課題を出していくという作業と、地域福祉調査を並行してやらねばならないと予想される。そのための調査項目づくりもやっていかねばならない。

②行政計画（地域福祉計画）に先立つ民間計画（地域福祉活動計画）の意味
〈合併への対応〉
　3回の打ち合わせ会の中では、隼人町独自の福祉課題をどのようにみていくか、また合併後の扱いなども議論された。合併の問題を念頭において合併が予想される他の市町村の社協のメンバーに意見を聞くようなことも必要ではないか。また計画書を中間報告的性格にするか、完結した性格のものとするかについても議論されたが、中間的なものでもある程度完結したものという形にしておかねばならない。町村合併の時期に見直しをするということで結論をみた。
〈行政とのパートナーシップ〉
　手順として、行政計画としての「地域福祉計画」を意識してつくる必要があり、行政計画としての計画がこれに影響されるもの、横滑りするようなものを作る。社協としての要望を含め行政と合意を得ながらつくる必要がある。その意味で社会福祉法に明記された3点、「福祉サービスの適切な利用推進」「福祉事業の健全な発達」「住民参加」を盛り込むことが確認された。そのためにも行政関係者の策定委員への参加、活動計画と行政計画の共有すべきことと役割分担等を明らかにすること（行政施策には入らないが、ニーズだとか住民参加だ

とか活動計画にもうたわれる）などにも留意する必要があった。

③策定委員会の方法と地区別計画の在り方

　住民懇談会等をワークショップ式で念入りに行い、ニーズキャッチのところに時間をとること、地区社協の活性化を考えていく必要があることなどが確認された。ただし実際問題としては、地区別の策定委員会等は、当初は懇談会として開催しながら、時期を見て地区を単位にした計画策定委員会へ発展させていくなどの工夫が求められるということになった。地区社協の意見の集約をするまでしばらく、時間がかかると思うというのが、社協サイドの見通しであった。それは地区社協がたちあがっているものの、地区によっては社協活動としては十分に機能していないことを示すものでもあった。

　活動計画のメンバーの選出の仕方、分科会方式の採用、定期的に中間報告的なものを市民に提示していく、ニーズを拾い上げる。報告会は、策定委員会の代表がシンポジストとなり、年間2回程度行いたい。最終的に公募も検討されたが、委員が集まるかどうかわからないということで社会福祉協議会サイドで候補者を選定し、お願いをするということになった。

　実際の展開の中では、これ以外に、委員長と各種分科会の代表者により構成した代表者会議が有効な会議として頻繁に開かれている。また地区別会議は、実際にはあまり開かれてはいない。

　また住民シンポジウム（住民懇談会）は、全体として2回開催されている。策定委員の選定については、社協が中心となって、推薦等によって決めたものであり、公募という形はとっていない。

（3）地域福祉活動計画策定の青写真（構想）

　地域福祉活動計画策定の組織構成の構想は、以下のようなものであった（これらの青写真は、計画策定の準備段階からアドバイザーとして参加していた筆者が素案を出したものである）。

①策定委員会（全体会と四つの分科会）

　メインとなる策定委員会は、20名程度で、四つの分科会を構成していくこと。これらの分科会は、児童・家庭分科会、障害者分科会、高齢者分科会、地域分科会である。それぞれの策定委員は、特定の分科会の構成メンバーでもある。

策定委員は、このように全体として会議をもつ場合と、分科会として少人数で、専門的な議論を行う場合と二つの性質の会議に参加することになる。また会議においては、必要に応じて、ゲストを想定し、委員でないものも議論に加える柔軟な委員会と考える。会議の頻度としては、全体会5回に分科会6回ずつと、おおむね月に1度くらいの会議を想定する。これが地域福祉計画策定の基本となる委員会であり、最終案はこの委員会が責任をもって提出することになる。

写真6-1　第2回策定委員会

②地区社協委員会

　八つの地区社協ごとに、それぞれの地区社協のもつ課題や問題について議論を進める。議論するのは5〜15名程度。回数に関しては年間3回から4回くらいが想定された。最終的には、地区社協としての計画づくりをめざす。

③住民懇談会

　シンポジウムの形式をとり、広く隼人町町民全体との意見交換を年2回程度開くことが予定された。これはいわば、計画策定の進捗状況を広く町民に知らせると同時に、計画の意義等を啓発することをねらいとするものである。

④層別懇談会

　特定の層別、職能別等の人たちとの意見交換会であり、地域の課題やニーズを吸い上げるための懇談会である。例えば、障害者団体、親の会、老人クラブ、福祉専門職、施設利用者、学生など、幅広く意見を聞くことをねらいとしている。

⑤社協委員会

当初は、社協内部での準備会としての役割、また策定委員会の議論が明確になってくると、社協が抱える課題や問題、今後の方向性について、社協内部で審議する必要がでてくる。そのため社協委員会というものも想定することができる。

⑥隼人町民全体を対象にした地域福祉実態調査

組織構成は上記のようであるが、ひろく町民の地域福祉についての意見や現状を知るために、町民全体を対象にした「地域福祉調査」の実施も計画された。

（4）地域福祉活動計画策定の経過

地域福祉活動計画策定の経過については、経過表（199ページ・表6-1）を設けているが、表の流れに沿って若干説明をしておきたい。第1回策定委員会全体会が2003（平成15）年5月16日に開かれ、委嘱状交付式や策定の趣旨や経過説明等が行われているが、すでにこれに先立って民生委員・児童委員懇談会が開かれ「地域福祉活動計画と住民参加」についての学識経験者の講演と懇談が行われている。[41]

策定委員会設立後は、9月まではほぼ1ヶ月に1回の割合で、策定委員会が開かれている。策定委員会の中では、地域福祉活動計画の趣旨や考え方についての合意形成、分科会の持ち方、そして地域福祉調査の内容の検討等を行った。地域福祉調査に関しては7月に実施されており、9月の第5回策定委員会全体会で調査結果について説明がされている。

その間、各種の住民懇談会、地区社協への説明会等が開かれている。5月からほぼ3ヶ月程度で、住民懇談会を終えて、この議論の中身等を参照しながら、策定委員会は分科会の形式で8月頃より頻繁に開催されている。地域福祉活動計画の柱となる分科会での基本目標等の作成（194ページ・図6-1参照、図の説明は後に行う）は、この中で、KJ法（川喜田1967）に類似した方法で、カード（ラベル）を使いながら意見の集約作業が行われている。

41　第1回の策定委員会で筆者が委員長に選出され、この後筆者は、策定委員長という立場と策定のコーディネーターとしての立場を保持しつつ、策定に関わることになる。

写真 6-2　児童部会の集団討議の様子

①カードを使った意見集約

　写真は、分科会での集団討議の様子である。それぞれの分科会のテーマについて、どういった問題等があるのかが議論され、それがカードに書き込まれ、最終的に図式化していくという方法がとられている。

写真 6-3　障害者部会の集団討議の様子

②ワークシートによる整理とまとめ

　これらの図解をもとにして、問題点の整理、その問題の背景、解決策の検討をワークシートに記入するという手法を各分科会でとっている。幾度となく開かれた分科会では、これらのワークシートづくりが行われた。

写真 6-4　地域部会の図解

③代表者会議

　これらの分科会での議論を全体としてまとめていく作業が必要であった。分科会によっては、同じような議論をしているところもあったので、お互いにテーマが重複しないように、また重複するテーマはどちらかが分担するなどの調整が必要であった。これらには、各分科会の代表者と策定委員長による代表者会議（社協事務局を含む）が有効であった。代表者会議は 2003（平成 15）年 10 月頃から始まり、2004（平成 16）年 9 月までほぼ 1 年間続いた。この中で共通理念等も議論された。ワークシートから文章に転換する作業が必要であったが、これは策定委員長を中心にしながら、代表者会議で行われたものである。

④シンポジウム

　計画策定の間に 2 回のシンポジウムが開かれている。第 1 回シンポジウムは、2003（平成 15）年 9 月 7 日に「健康福祉フェスタ」の一部として実施された。各分科会の代表者（4 名）がシンポジストとなり、策定委員長が司会となって、これまでの分科会の審議結果を問題提起として行った。会場のとなりの体育館には社協のブースがあり、そこに具体的な分科会での図解が示され、ポストイットカードを使って住民が書き込みを入れることができるようにしていた。

　第 2 回のシンポジウムは、2004（平成 16）年 11 月 7 日に「隼人町の福祉の夢まとめました。隼人町地域福祉活動計画策定委員会報告」と題して行われた。

写真 6-5　各分科会の図解の展示

写真 6-6　住民が自分の意見を付箋で付け
加える

⑤計画書の完成

　最終的に、計画書になったのは、2005（平成17）年の3月末のことであった。

3．隼人町地域福祉活動計画の内容

（1）計画書の構成

　隼人町地域福祉活動計画書は、全体で3部構成になっており、その後に、各種資料が掲載されている。第1部は、地域福祉活動計画策定の概要を述べており、第1章「計画策定の背景や意義」、第2章「地域福祉活動計画策定の構成と経過」からなる。地域福祉推進の意義等が述べられた後に地域福祉計画、地域福祉活動計画の特徴や関係が述べられ、計画の共通理念と基本目標が示される。第2章は計画策定の組織構成と経過が述べられている。第2部は、計画書の中心をなすもので、四つの分科会での四つの報告を四葉になぞらえて語られている。第3部は、中学生を対象にした調査の結果報告である。また各種資料として、「手をつなぐ親の会」をはじめ各種の懇談会で出た意見が集約され、最後には隼人町民を対象とした地域福祉実態調査の結果も示されている。全体で120ページに及ぶ。

（2）共通理念の抽出方法

　地域福祉活動計画の基本理念として、6点が掲げられている。これらは2年間の隼人町地域福祉活動計画づくりの中で隼人町が抱える課題、解決策を考え

る中で共通に出てきた問題・課題である。これらは以下の6点である。

①変化する家族と地域のあり方の見直し

②生活福祉の情報提供と相談体制の整備

③性別・世代のつながり重視

④自己の能力強化と社会資源の発掘

⑤居場所の確保―どこでもサロン、なんでもサロン、いつでもサロン

⑥助け合い福祉文化の創造

（3）基本目標の設定

　上の六つの共通理念は、実は、四つの分科会で示された基本目標をいわば横断的に貫いている要素である。分科会は、いわば子ども、高齢者、障害者、地域という形で分野別に議論されたが、共通理念は、地域福祉という視点からそれらに共通する要素を抽出したものである。

　基本目標は四つの分科会でそれぞれ4点から8点程度しめされている。これらを共通理念とともに示すと図6-1のようになる。

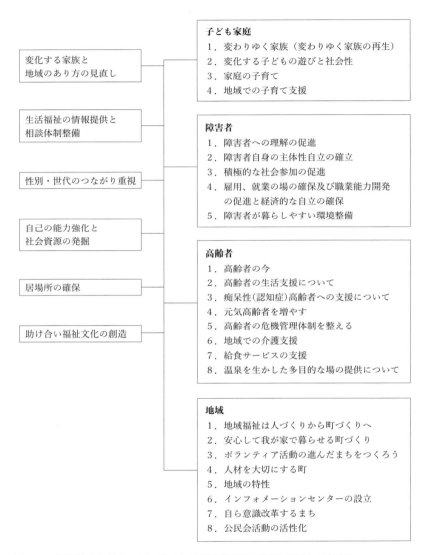

子ども家庭
1. 変わりゆく家族（変わりゆく家族の再生）
2. 変化する子どもの遊びと社会性
3. 家庭の子育て
4. 地域での子育て支援

変化する家族と
地域のあり方の見直し

生活福祉の情報提供と
相談体制整備

性別・世代のつながり重視

自己の能力強化と
社会資源の発掘

居場所の確保

助け合い福祉文化の創造

障害者
1. 障害者への理解の促進
2. 障害者自身の主体性自立の確立
3. 積極的な社会参加の促進
4. 雇用、就業の場の確保及び職業能力開発
　 の促進と経済的な自立の確保
5. 障害者が暮らしやすい環境整備

高齢者
1. 高齢者の今
2. 高齢者の生活支援について
3. 痴呆性（認知症）高齢者への支援について
4. 元気高齢者を増やす
5. 高齢者の危機管理体制を整える
6. 地域での介護支援
7. 給食サービスの支援
8. 温泉を生かした多目的な場の提供について

地域
1. 地域福祉は人づくりから町づくりへ
2. 安心して我が家で暮らせる町づくり
3. ボランティア活動の進んだまちをつくろう
4. 人材を大切にする町
5. 地域の特性
6. インフォメーションセンターの設立
7. 自ら意識改革するまち
8. 公民会活動の活性化

図 6-1　共通理念と基本目標　隼人町地域福祉活動計画書 2005 より引用

（4）補足資料の扱い

　計画書における補足資料の分量は全体の3分の1を超えており、これらには、各種の懇談会で出た意見を丹念にまとめ、一覧表にしたり、図式化したものが掲載されている。また地域福祉調査は特に地区別に集計がされており、地区による特徴をみる上でも貴重なものである。これらは計画書で示された提言の骨格をつくるための基礎になったものであり、利用者の視点から、また援助者の視点から、地域住民の視点から、さまざまに語られる貴重な情報源である。

4．隼人町地域福祉活動計画の評価

（1）隼人町地域福祉活動計画の意義と特徴
1）住民参加型活動計画

　地域住民である策定委員自身による手作りの計画作成であった。これまでの行政計画のように、事務局が素案をつくり、それを承認するだけの策定委員会ではなかった。委員の選出は、公募形式を必ずしもとっていない点は問題を残すが、例えば、社協だより等を使った公募のPRをしても、必ずしも応募者が現れないという社協もあり、実質的には、あまり効果はないという判断もあったようである。つまり、隼人町の地域福祉活動計画にはワーキンググループは存在しない（しいてあげれば、分科会の出したアイデアをまとめていく作業の中で、策定委員長が参加学生とともに、文章に整理していったという経過はあったが）。

　鹿児島県内の行政計画としての地域福祉計画の策定過程をみていると年間3、4回程度の委員会しか開かれないが、それに比べると量的にも数多くの委員会、分科会の中には1年半程度の間に20回を超える会議を開いたところもあった。

　組織上は、当初予定に入れていなかった分科会リーダーと委員長による代表者会議が有効であった。代表者会議を繰り返す中で、分科会の進捗状況を確認したり、他の分科会で重なっている議論なども整理した。この作業は全体会でもできないわけではないが、大人数で全員のスケジュール調整だけでも大変な

全体会よりも、少人数の代表者会議のほうが効率的であったといえる。

2）ワークショップ方式の分科会

　分科会の意見集約に、ＫＪ法的な整理を行うことは、すでに他の計画等でも行われている点であり、この点はやはり意見集約において有効であったと考えられる。また必要に応じて、こうした整理手法は懇談会での意見集約でも行われ、それを専用ソフトを使ってパソコンで処理できた点も効果的であった。ワークショップ形式での意見集約といわれるが、鹿児島県下の計画では必ずしも成功していないので、隼人町スタイルはそれなりに評価できるところではないか。

3）シンポジウムでの参加住民の意見反映

　シンポジウムのやり方については、おそらく他の計画にはないユニークな手法が用いられた。

　これはシンポジウムと並行して、4分科会での意見を図式化したものを別室に貼り出し、住民がその図式を見ながら、別に用意された付箋に、好きに書き入れて貼っていくというものである。これによって、住民は分科会での議論を見ながら、自分だったらこう考える、ここが足りないという点を加えていくことができる。

4）懇談会の開催と地域福祉アンケート調査の実施

　計画づくりに先立って、懇談会を開いたり、アンケート調査を行うことは一般に用いられる方法である。隼人町の特徴としては、懇談会を福祉サービスの利用者側にたつ人、援助者側にたつ人、そして地区住民といった多様な人たちから意見聴取を行ったことである。

　福祉サービスの利用者側にたつ人としては、手をつなぐ親の会、子育て中の保護者であり、援助者側としては、ケアマネジャー、民生委員・児童委員、ボランティア（協議会）に対してである。

　今後の隼人町を背負っていく子どもたちの意見ということで、中学生700名に対して自由回答を中心にした調査も行っており、この内容の一部は、計画書の第3部を構成している。

　町民調査も500名の隼人町民に対して実施されている。

5）子どもたちの計画参加

　他の地域福祉計画においては、今後の担い手として、中学生や高校生、場合

によっては小学生に声をかけて策定委員になってもらったり、意見をもらうというところもある。次代を担う子どもたちの意見を取り入れることは大事なことであるが、しかし、策定委員会そのものに、委員として参加をすることには、会議の時間や審議内容等に関して限界も感じる。隼人町での計画では、中学生からのアンケート以外に、子どもたちの福祉に対する思いを絵にしてもらい、それを計画書の中に盛り込むという形もとっている。

（2）地域福祉活動計画の残された課題
　隼人町地域福祉活動計画の残された課題は、5点あるだろう。
1）具体的スケジュールを明記できなかった計画
　計画は通常、3年から5年間で実施に向けての具体的なスケジュールを年度ごとに明記するものであるが、いくつかの理由により、この具体的なスケジュールを明記できていない。
　一つは、合併問題がたちあがっており、隼人町の枠組みの中で計画づくりについて責任をもって遂行していくスケジュールを立てにくかったということがある。例えばスケジュールについて審議した策定委員会では、次世代育成支援法に基づく行動計画が行政計画として作られつつあるが連動性をどう考えるか、計画を住民に浸透させるまで1、2年かかる、合併後の市が計画をどのように受け止めるかが見えない点などの意見が出されている。また途中交代した社協会長から財政に伴うものは行政にお願いしなければならないが、行政も財政面で難しいという話があった。そのため計画としては、細かい年次計画はつくらないということになった。しかし、年次スケジュールを提示できない計画は、いわば絵に描いた餅になってしまう危険性がある。
2）地区別計画のない計画
　地区別計画は、地域福祉活動計画の要の一つであった。その意味で、全体計画にあわせて地区ごとに推進計画を立てる予定であったが、この部分も計画書に盛り込むことができなかった。
　地区別計画は、地区社協を基盤として作られることになっていた。地区社協の会長との打ち合わせ会において、こうした提案が行われたが、自治会長をかねた地区会長の計画作りについてのスタンスはまちまちであり、温度差が大き

かった。また任期が1年である点も、計画の意味を周知してもらうことの障害になったようであった。校区7地区のうち2地区においては、地区計画の策定に向けての動きも見られたが、他の地区では、具体的な動きは見られなかった。

3）社協サイドの計画づくりの考え方の変化

　計画づくりを進める中で社協内部の人事面で変化があった。地域福祉活動計画推進に情熱を燃やし、介護保険による収益を地域づくりに使っていこうとする会長の姿勢が、会長の交代により変化した。地域福祉活動計画づくりを企画した、会長をはじめとした、幹部の何人かが職を退き、新会長のもとに事務局長を含め社協が再編される中で、こうした地域福祉活動計画の意義についての考え方に違いが見えてきた。民間の自主的計画というよりは行政計画との連動性や行政からの補助金等から計画を考える視点が強くなり、行政に先駆けて社協として地域福祉活動計画をつくるというスタンスは後退した。このことがスケジュールを明記できなかった点、地区計画をつくれなかった点に影響しているように思える。

　社協は行政の単なる補助機関ではなく、地域福祉推進をめざす民間組織である。行政とのパートナーシップは大切であり、公共性の高い地域福祉活動に対して、行政から支援を粘り強く引き出して行く努力は必要であるが、行政から補助金をもらわなければ事業が展開できないと考えるのは社協に対する一面的な見方である。地域福祉活動計画は広く住民や福祉関係者、当事者などの参加を得ながら、実施していくべきものである。社協スタッフは、こうした点についての合意づくりをしておかねば、今後の活動計画の実施はおぼつかない。

4）社協強化計画へのつなぎ

　スケジュールの問題とも連動するが、こうした地域福祉活動計画の中で社協事業をどのように展開していくか、社協の行動計画や強化計画を、地域福祉活動計画に即した形で具体的につくっていく必要がある。それがいわば、社会福祉活動計画の社協としての実施計画となる。

5）福祉の総合的な活動の展開

　今回、分野別に議論を行い、そこから六つの共通の理念を導き出している。今後、これらの理念に基づいた、分野をこえた総合活動が求められる。例えば「居場所の確保」は、確かに高齢者にとっても、障害者にとっても、子育て支援

に関しても重要なテーマである。しかし、その居場所には、高齢者も障害者も保護者や子どもも、同じ場所でともに一つになって、相互支援を行っていくべき、「総合性」というものが考慮されていい。今後の方向性として地域を基盤として、こうした総合的活動が展開されていくべきであろう。

表 6-1　隼人町社会福祉協議会地域福祉活動計画策定の経過について

（隼人町地域福祉活動計画書 2005 より引用）

年月日	会議	内容	参加人員
2003 年 5 月 8 日	民生委員・児童委員懇談会	地域福祉活動計画と住民参加	70 人
5 月 16 日	第 1 回策定委員会全体会	委嘱状交付式・計画策定の趣旨 経過の説明と意見交換・計画素案の検討	25 人
6 月 14 日	宮内地区社協会への参加	地域福祉活動計画について	
6 月 16 日	手をつなぐ育成会懇談会	地域福祉活動計画と住民参加	15 人
6 月 17 日	子育て懇談会	地域福祉活動計画と住民参加	15 人
6 月 17 日	第 2 回策定委員会全体会	地域福祉活動計画のあり方等について 住民アンケート素案について	24 人
6 月 19 日	富隈地区社協会への参加	地域福祉活動計画について	
6 月 29 日	姫城地区社協会への参加	地域福祉活動計画について	
7 月 4 日	日当山地区社協会への参加	地域福祉活動計画について	
7 月 12 日	ボランティア連協懇談会	地域福祉活動計画と住民参加	22 人
7 月 12 日	ケアマネジャー懇談会	地域福祉活動計画と住民参加	53 人
7 月 13 日	松永地区社協会への参加	地域福祉活動計画について	
7 月 17 日	第 3 回策定委員会全体会	地域福祉実態調査について 分科会の構成について（役割分担）	26 人
8 月 5 日	第 1 回障害者分科会	意見集約について（ＫＪ法）	7 人
8 月 7 日	第 1 回児童・家庭分科会	意見集約について（ＫＪ法）	7 人
8 月 7 日	第 1 回地域分科会	意見集約について（ＫＪ法）	10 人
8 月 10 日	中福良地区社協会への参加	地域福祉活動計画について	
8 月 19 日	第 1 回高齢者分科会	意見集約について（ＫＪ法）	6 人
8 月 22 日	第 4 回策定委員会全体会	各分科会からの報告・健康福祉 フェスティバル時のシンポジウムについて	24 人
8 月 31 日	小野地区社協会への参加	地域福祉活動計画について	
9 月 14 日	小浜地区社協会への参加	地域福祉活動計画について	
9 月 25 日	第 5 回策定委員会全体会	シンポジウム反省会・地域福祉調査の結果 説明・社協の地域福祉活動の現況説明	22 人
10 月 2 日	第 2 回児童・家庭分科会	ＫＪ法に基づいた目標の設定等について協議	6 人
10 月 9 日	第 1 回策定委員会代表者会	各分科会からの現況報告	14 人
10 月 20 日	第 2 回高齢者分科会	ＫＪ法に基づいた目標の設定等について協議	5 人
10 月 25 日	第 2 回地域分科会	ＫＪ法に基づいた目標の設定等について協議	6 人

10月27日	第2回障害者分科会	KJ法に基づいた目標の設定等について協議	5人
11月4日	第3回児童・家庭分科会	活動表の作成について	8人
11月5日	第3回地域分科会	活動表の作成について	7人
11月10日	第4回児童・家庭分科会	活動表の作成について	5人
11月17日	第3回障害者分科会	活動表の作成について	5人
11月22日	第3回高齢者分科会	活動表の作成について	6人
11月25日	第4回地域分科会	活動表の作成について	7人
11月28日	第5回児童・家庭分科会	活動表の作成について	6人
12月2日	第6回児童・家庭分科会	活動表の作成について	5人
12月9日	第4回障害者分科会	活動表の作成について	4人
12月10日	第4回高齢者分科会	活動表の作成について	5人
12月11日	第7回児童・家庭分科会	活動表の作成について	5人
12月12日	第5回地域分科会	活動表の作成について	6人
12月18日	第8回児童・家庭分科会	活動表の作成について	5人
12月19日	第5回高齢者分科会	活動表の作成について	4人
12月20日	第6回地域分科会	活動表の作成について	9人
2004年 1月6日	第9回児童・家庭分科会	活動表の作成について	5人
1月9日	第6回高齢者分科会	活動表の作成について	5人
1月15日	第2回策定委員会代表者会	各分科会の状況について	9人
1月16日	第7回地域分科会	活動表の作成について	6人
1月20日	第10回児童・家庭分科会	活動表の作成について	4人
1月26日	第5回障害者分科会	活動表の作成について	4人
2月3日	第11回児童・家庭分科会	活動表の作成と検討及び方向性について	6人
2月6日	第6回障害者分科会	活動表の作成と検討及び方向性について	4人
2月6日	第7回高齢者分科会	活動表の作成と検討及び方向性について	6人
2月7日	第8回地域分科会	活動表の作成と検討及び方向性について	7人
2月20日	第8回高齢者分科会	活動表の作成と検討及び方向性について	5人
2月21日	第9回地域分科会	活動表の作成と検討及び方向性について	5人
2月22日	第12回児童・家庭分科会	活動表の作成と検討及び方向性について	5人
2月23日	第13回児童・家庭分科会	活動表の作成と検討及び方向性について	5人
2月24日	第3回策定委員会代表者会	各分科会の進行状況について	10人
3月12日	第14回児童・家庭分科会	活動表の作成と検討及び方向性について	4人
3月19日	第9回高齢者分科会	活動表の作成と検討及び方向性について	6人
3月22日	第10回地域分科会	活動表の作成と検討及び方向性について	8人
3月22日	第15回児童・家庭分科会	活動表の作成と検討及び方向性について	3人
3月24日	第4回策定委員会代表者会	各分科会のまとめについて	9人
4月8日	第16回児童・家庭分科会	活動表の項目の確認作業について	5人
4月12日	第17回児童・家庭分科会	活動表の項目の確認作業について	5人
4月14日	第18回児童・家庭分科会	活動表の項目の確認作業について	4人

4 月 14 日	第 10 回高齢者分科会	活動表の項目の確認作業について	6 人
4 月 19 日	第 11 回高齢者分科会	活動表の項目の確認作業について	6 人
4 月 27 日	第 6 回策定委員会全体会	計画書づくりの具体的な方法	20 人
6 月 1 日	第 5 回策定委員会代表者会	各分科会のまとめについて	10 人
6 月 8 日	第 7 回障害者分科会	文章の表現チェックと内容の段階分けについて	5 人
6 月 9 日	第 12 回高齢者分科会	文章の表現チェックと内容の段階分けについて	5 人
6 月 10 日	第 19 回児童・家庭分科会	文章の表現チェックと内容の段階分けについて	5 人
6 月 17 日	第 20 回児童・家庭分科会	文章の表現チェックと内容の段階分けについて	6 人
6 月 21 日	第 11 回地域分科会	活動表の項目の確認作業について	7 人
7 月 6 日	第 6 回策定委員会代表者会	各分科会のまとめについて	8 人
8 月 10 日	第 7 回策定委員会代表者会	各分科会のまとめについて	9 人
8 月 25 日	第 8 回障害者分科会	活動表の項目の最終確認作業について	6 人
8 月 25 日	第 12 回地域分科会	活動表の項目の最終確認作業について	7 人
8 月 26 日	第 21 回児童・家庭分科会	活動表の項目の最終確認作業について	5 人
9 月 1 日	第 13 回高齢者分科会	活動表の項目の最終確認作業について	4 人
9 月 29 日	第 7 回策定委員会代表者会議	各分科会のまとめについて	10 人

5．補足記述─この頃の地域福祉活動計画の策定状況

（1）鹿児島県内社会福祉協議会の「地域福祉活動計画」の策定についてのアンケート調査結果─1998（平成 10）年の認識

　始良町社協あり方検討会のなかの記述でも紹介しているが、鹿児島県内の社会福祉協議会の「地域福祉活動計画」の策定についてのアンケート調査は、1998（平成 10）年 8 月から 9 月にかけて実施したものである。[42] この結果から当時の策定状況について、少し記述しておこう。鹿児島県にはこの当時 96 の市町村 [43] があり、社協も 96 ある。これらの対象に対して質問紙を使った調査を行った。調査方法としては、これらの市町村を実際に訪問し、調査内容について説明し、3 週間程度の間に記入してもらい、郵送によって返送していただくという手法

42　この報告書（「鹿児島県の市町村行政と社会福祉協議会に対する福祉調査報告書─福祉計画、地域文化、情報化を中心に」）は、鹿児島経済大学附属地域総合研究所（現鹿児島国際大学附置地域総合研究所）の機関研究「地域文化と社会福祉サービス」（1998 ～ 1999 年）の 1 年目の研究プログラムとして実施された。本調査は 6 種類の質問紙を使った調査によって構成されているが、引用部分は、このうち、「7．社会福祉協議会の地域福祉活動計画と小地域ネットワーク事業等について（社会福祉協議会調査の結果 1）」からのものである。この部分（同報告書 72 ～ 94 ページ）は高橋が担当している。

43　1998 年、平成の合併前の数字である。

をとった。調査期間は1998（平成10）年8月から9月にかけてであるが、訪問の時期が10月になっている町村も若干ある。最終的には、同年12月末日までに返送していただけた市町村の調査票を集計、分析している。96市町村社協のうち85の社協から回答を得ることができた。回収率から言えば、88.5％である。

　地域福祉活動計画の策定状況については、「策定済み」19.0％、「策定中」3.6％、「策定予定」33.3％、「策定予定なし」44.0％となっている。策定済みと策定中をあわせて、22.6％という割合であり、策定についてはあまり積極的ではない。計画づくりのメリットについては、すでにあり方検討の記述のなかでも触れているが、調査報告書のなかでは、6点にわたって策定を困難にしている条件について述べている。（高橋 1999：83-84）

①先の見えにくい時代背景

　一つは、当時は介護保険等の導入時期であり、福祉施策等、変動期にあり、将来が見据えにくかったこと。なにより、社協が、自主的に活動方針を立ててこなかったことが、背景にはあるように思う。実際、社協に求められるものは時代と共に変化してきている。1980年代頃から、在宅福祉への志向を強め、「事業型社協」というものが社協のモデルと考えられてきた。こぞって社協は、行政からの委託業務として在宅福祉サービスを始めた。しかし、他の民間団体が在宅福祉サービスを行うようになり、こうした在宅福祉志向も質的変化を余儀なくされてきているように見える。また社会福祉基礎構造改革の流れの中で、地域権利擁護、あるいは介護保険の認定からはずれた高齢者への支援など、その方向性もますます多様なものとなってきていた。こうした中で、計画づくりに着手することに躊躇を覚える社協の立場は理解できる。

②行政計画との強い連動性

　二つめには、地域福祉活動計画をつくるにしても、行政が立案する、老人保健福祉計画などの社会福祉計画と強い連動性を持ち、予算面においてもそうした施策と関係をもっているという認識も影響要因としては考えられたようである。予算措置のとれない計画などは絵に描いた餅であるという認識か。現状の中で、計画づくりが行政との関係の中で進めざるを得ない実情もあるのであろうが、計画づくりに常に大規模な予算措置が必須であるとは必ずしも言えないし、そうした予算措置を行政からの補助という形でしか考えられない社協にも

問題がある。ボランタリーな活動から生まれた事業が、社会的な評価を得て行政からの補助を引き出したり、地域からの寄付をもらったりということもある。

③社協組織内部が理解していない、また策定体制ができない

　社協の理事職や、評議員職にあたる者に、計画づくりを行おうとする強い意欲が見られない。社協の基本的な運営体制や、構成員のモラールや問題意識にかかわる課題が計画策定においても障害となっているところがある。社協組織内部の大きな改革が必要である。

④地域住民の理解が得られない

　意見としては、地域住民の理解が得られないというものも多い。もともと社協の施策がどの程度地域住民に受け入れられてきたのか、地域住民の理解のもとで進められてきたのか、という基本的な問題もあるが、行政サイドと住民サイドからのサポートなくしては計画づくりに着手できないと言いたいところであろう。まず社協活動についての住民理解が必要であるが、こうした計画づくりを通しても、そうした実践が可能である。

⑤作った後の評価等が十分されていない

　また実際に計画づくりを終えた社協の姿を見て、計画づくりへの疑問を持っている社協もある。調査の回答には「既に策定した社協では計画策定が目的となり、その後の計画実施や評価、改定等がおろそかになっているところも見受けられるようである」や「現状では策定しても策定だけに終わってしまう可能性がある。計画に参画し活動するのには、現状では困難である」などの意見も見られた。社協の社会福祉事業活動の中での「計画づくり」の意義が、今一つ明確に意識されていない。先に示された社協内部の問題意識とも関係していよう。

⑥計画づくりについてのノウハウがない

　なによりも、これまでこうした活動計画、しかも調査から計画というプロセスで、事業展開をした経験というものが十分蓄積されていないところにも問題があるようだ。確かに社協には、毎年の年次計画もあり、中長期的な計画をつくることもあったろう。しかしそうした計画づくりは、必ずしも地域社会へのニーズ把握や現状認識から抽出されたものではなかった。いまだに、社協はこうしたノウハウについての蓄積がない。もちろんこの点は行政も同様である。

一方で「計画づくりを通して、福祉ニーズの把握ができた」「地域住民の福祉への理解がたかまった」「事業展開がやりやすくなった。なにより、社協自身の役割が明確になった」と指摘する社協も多い。調査から計画づくりへのノウハウは、社協自らが実践の中で体得していくしかないのではないか、もちろん、先にも述べたが県社協などの努力でそうしたノウハウへの研修、教育をメニューとして取り上げていくことも必要であろう。

文献

倉沢進（1998）『コミュニティ論＝地域社会と住民活動』放送大学出版会

高橋紘士（1993）「地域福祉活動計画とは何か」『月刊福祉』76(7)

全国社会福祉協議会地域福祉部編（1992）「社協活動マニュアル 3　地域福祉活動計画策定の手引」全国社会福祉協議会

牧里毎治（1996）「民間機関の福祉計画」坂田周一編『社会福祉計画』87

鹿児島県（2003）「年齢（各歳）男女別人口（平成 15 年 10 月 1 日現在）」県人口移動調査（推計人口）https://www.pref.kagoshima.jp/ac09/tokei/bunya/jinko/jinkouidoutyousa/documents/56541_20170113161230-1.pdf（2024 年 1 月 11 日参照）

今村利香、吉松亜由美他（2004）「隼人町老人給食サービス事業に関する調査研究」『2003 年度大学院プロジェクト研究報告書』鹿児島国際大学大学院福祉社会学研究科

鹿児島県社会福祉協議会編（2002）「社会福祉協議会制度創設 50 周年記念誌―鹿児島県・市町村社会福祉協議会活動の記録」鹿児島県社会福祉協議会

川喜田二郎（1967）『発想法』中央公論社

鹿児島経済大学附属地域総合研究所編（1993）「鹿児島県の市町村行政と社会福祉協議会に対する福祉調査報告書―福祉計画、地域文化、情報化を中心に」

高橋信行（2001）「姶良町社会福祉協議会あり方検討会の活動」鹿児島国際大学地域総合研究所『地域文化と福祉サービス―鹿児島・沖縄からの提案』日本経済評論社

※本章は、以下の既刊論文に加筆し再録したものである。

高橋信行（2005）「地域福祉活動計画と住民参加―隼人町地域福祉活動計画の軌跡」『地域総合研究』33(1): 67-81

あとがき

それは、老人保健福祉計画から始まった

　本書は福祉計画のあり方を、特に調査活動や市町村行政の自立性、住民参加のあり方にポイントをおいて書き進めた。ただ、書き進めていくうちに、市町村行政の中で見つけられた課題をどのように国の施策にフィードバックしていけるのかという点についての問題意識も出てきた。

　福祉計画の始まりは、老人保健福祉計画が最初と認識しているが、現在の所属大学鹿児島国際大学の前任校の道都大学（北海道）時代から地域の高齢者調査等をしばしば行ってきた。そのなかで老人保健福祉計画の策定は当時画期的な施策であるように思えた。これにより、全国が同じ物差しで支援を考えることができることにもなった。ただ当時、これまで福祉とは無縁だった様々の団体が、福祉計画づくりにかかわるようになり、コンサルタント等も活発に動くようになった。

　老人保健福祉計画はその後現れた介護保険事業計画にとって代わられたような印象がある。介護保険も制度成立から20年をこえ、当初の理念からの乖離も感じる。保険は、我々がいざというときに利用するためのものだろう。介護保険も自分たちが要介護になった時に、支援してくれる仕組みと認識されていた。ところが介護保険の目的に介護予防が入ってきた。要介護になった時に支援する仕組みと考えていたものからずいぶん変化した。本来介護予防は、いわば老人保健福祉計画の領域ではあるだろう。地域包括ケアシステムも介護保険の中で議論するには広すぎる。これも、本来は老人保健福祉計画のテーマであるべきだろうが、それが介護保険の中で議論されるようになった。

　地方大学の教員として生活をするなかでは、中央で決まった施策の解説のようなことをさせられることも多いが、この著作には、いわば地方からの実践の議論が多く含まれる。この著作のコンセプトは、地方分権の中で、地方自治体をエンパワーしていく方法の一つとして展開された福祉計画が、国により統制されながら、コンサル等の作文に甘んじ、いわばパワーロスの状態にあえいで

いるところをなんとかしたいという思いの表れでもある。その意味で、分権委員会が行っている提言には注目する。肥大化する福祉計画を整理するあり方も必要だろう。しかし単にまとめたり、間引いたりするだけでなく、つねに自治体の自治に資するもの、住民参加を担保するものでなければならない。

あの頃の社協―旧姶良町と旧隼人町での活動について―

　5章と6章の時代背景は、5章では、社会福祉協議会が在宅福祉の担い手として求められ、介護保険導入に対して民間との競争のなかで、社協は生き残っていけるのかという問題意識があった頃である。実際に、行政からの委託事業としてヘルパー職員をもっていた社協の中には経営という視点から不十分と見られるところもあった。そして6章は、介護保険サービスをある程度こなしていく中で、行政からの補助も削られ、また介護保険で利益が出ていれば社協はそれでいいのかという問題意識があった。

　5章の終わりにも書いたが、社協が事業の変化を求められてきたのは、社協内部の内発的な問題というよりは外部的環境の変化、住民ニーズを拾い上げていった結果というよりは、その時々の国や地方行政の期待に応える形となっていたように思う。合併したくてした訳でもない。介護保険サービスもそれほどやりたかったかといえばそうとも言えない。そして今は介護保険から離れた社協が増えた。民間で間に合っているという理由のようで、生活困窮の問題や災害対応に力を入れてきている。

　確かに社協は時代と共に、姿を変えてきている。しかしそれは、住民ニーズの反映というよりは、国や自治体の要請の結果であるようにも見える。そして社協はすぐに歴史を忘れる。

社会学の影響

　筆者は、大学院までは社会学の教育を受けた。この著書の中にもそうした痕跡があるかもしれない。学部学生時代の講義で、ある社会学の教授から「僕はね、何かの考え方が提示されたときに、まず反対のことは成立しないか、考えてみるんだよ」と言われたのをよく覚えている。2004年度の西日本社会学会にシンポジストとして参加した際、鹿児島市地域福祉計画の話をしたことがある。

そのとき話を聴いていた社会学者から地域福祉計画の法律上の規定の説明について質問があった。「地域における福祉サービスの適切な利用の推進に関する事項」という規定があるのは、何か不適切な利用があったのか。「地域における社会福祉を目的とする事業の健全な発達に関する事項」という規定があるのは何か不健全な発達があったのかというのである。

　この質問をされて、おもわずにやりとしてしまった。いかにも社会学者らしいと感心した。こうした疑う態度や批判的精神が、福祉分野に身を置くようになって足りないと感じることがある。特に近年その傾向が強い気がする。「地域共生社会」の定義や、「我が事・丸ごと」について社会学者がどのようにコメントするか聞いてみたい。

　最後に、本書作成にあたっては、各自治体の行政担当者や地域住民の方々に大変お世話になったことを心から感謝したい。本書第5章では、南日本新聞の記事の全文もしくは一部を掲載させていただいた。掲載を認めていただいた南日本新聞社にも深く感謝したい。思えば、「かごしま地域福祉21世紀」として半年間をかけて地域福祉を追っていただいた。その冒頭にとりあげていただいたのが、あり方検討会の活動であったと記憶している。おそらく新聞社が地域福祉を半年間にわたって特集記事にするなど、これまでになかったのではないかと思う。またラグーナ出版編集部の方々には出版に際して大変お世話になった。校正原稿等についても的確なアドバイスをいただきありがたかった。

　なお本書の出版については、鹿児島国際大学の出版助成制度を使わせていただいた。ご支援いただいたことに深く感謝したい。

2024年1月7日

高橋信行